Ma voix pour la liberté

A mon Gérard chéri un joyeux anniversaire et beaucoup de gros bisous très affectueux de ta vieille Tatouche
24 Août 2008

Ani Chöying Drolma

Ma voix pour la liberté

En collaboration avec Laurence Debril

Document

Préface
de Matthieu Ricard

oh! ÉDITIONS

ISBN : 978-2-915056-66-2

Préface

de Matthieu Ricard

En tibétain, le mot *nyingjé*, que l'on traduit par « compassion », signifie « le seigneur du cœur », c'est-à-dire celui qui doit régner sur nos pensées. La compassion, selon le bouddhisme, est le désir de remédier à toute forme de souffrance et surtout à ses causes – l'ignorance, la haine, la convoitise, la jalousie, etc. L'amour altruiste est, quant à lui, le désir que tous les êtres soient heureux et trouvent les causes du bonheur.

Lorsque nous sommes totalement absorbés par nous-mêmes, nous sommes vulnérables et devenons facilement la proie du désarroi, de l'impuissance et de l'angoisse. Mais lorsque, par compassion, nous éprouvons un puissant sentiment d'empathie face aux souffrances des autres, la résignation impuissante fait place au courage, la dépression à l'amour, l'étroitesse d'esprit à une ouverture envers tous ceux qui nous entourent.

Généralement, notre compassion et notre amour dépendent de l'attitude bienveillante ou agressive dont les autres font preuve à notre égard et envers nos proches. C'est pourquoi il nous est extrêmement difficile d'éprouver un sentiment de compassion pour ceux qui nous nuisent. La compassion bouddhiste, pourtant, revient à souhaiter de tout son cœur que tous les êtres sans distinction soient libérés de la souffrance et de ses causes, en particulier la haine.

Dans ce récit autobiographique, Ani Chöying Drolma nous montre comment après avoir été meurtrie physiquement et moralement par un père violent, elle a su passer de la haine à la compassion, de l'asservissement à la liberté et de la souffrance à la paix intérieure. Elle démontre également de manière triomphante comment la vocation monastique qu'elle a choisie ne consiste nullement à se priver de « tout ce qui est bon dans l'existence », mais à s'affranchir de mille contraintes douloureuses. L'oiseau qui s'envole ne « renonce » pas à sa cage, il s'en libère dans un envol joyeux. Mais cette libération, Ani Chöying ne s'est pas contentée de l'accomplir pour elle seule. Elle l'a utilisée de toutes les forces de son enthousiasme vibrant et de sa profondeur artéritique pour la mettre inlassablement au service des autres : nonnes sans abri, enfants pauvres en besoin d'école, etc. Depuis que je connais mieux Ani Chöying et que nous avons quelques projets en commun, j'ai l'impression qu'elle bat la campagne sans arrêt en quête de quelqu'un à aider. Les droits d'auteur de ce livre notamment sont dédiés, en mémoire de sa mère morte d'une insuffisance rénale, à l'établissement, pour la première fois à Katmandou, d'un centre de dialyse rénale qui soit suffisamment bon marché pour être accessible à tous ceux qui en ont besoin.

Matthieu Ricard

Prologue

Je rejoins les coulisses alors que les applaudissements se poursuivent dans la salle. Au moins cinq minutes que ça dure. Un des organisateurs du concert me prend gentiment par le coude, et me repousse vers la scène.

— Allez, Ani, va saluer ton public !

J'y retourne. Ils sont quatorze mille spectateurs, m'a-t-on dit. J'ai beau avoir l'habitude désormais, cela reste impressionnant. Le concert que je viens de donner dans cette immense salle de Hong Kong a été une expérience unique : j'ai ouvert les festivités organisées pour célébrer le dixième anniversaire de la rétrocession de l'ancienne colonie britannique à la Chine. Je me suis produite avec quelques-uns des plus célèbres chanteurs chinois et taïwanais, accompagnés de six cents moines bouddhistes. Le bruit de la salle me parvient dans une sorte de brouillard, les applaudissements, les hourras, les rires de mes voisins. Je suis tellement émue… Plusieurs moines viennent vers moi pour me féliciter, me dire qu'ils apprécient mes chants religieux. J'aime que mes chansons soient entendues. Ce n'est pas la soif du succès, ni la vanité : je me moque bien de tout cela. C'est le plaisir que mon message soit écouté. Mes chants parlent tous d'amour, de partage, ils délivrent un message d'espoir. Plus il est relayé, et plus je suis comblée.

Dans le taxi qui file dans les rues de Hong Kong pour me ramener à l'hôtel, j'étire mes jambes avec un soupir. Je suis lasse. Dans quelques jours, je m'envole pour Munich, puis pour Madrid, où je donne un autre spectacle. Ensuite, je pourrai rentrer chez moi, à Katmandou, dans le quartier de Bodnath, celui même où je suis née, voilà trente-sept ans. Je suis lasse, oui, mais heureuse. J'ai touché pour ce concert pas mal d'argent dont je vais me servir pour mon école. Rien ne m'importe davantage. Ma voix est mon outil. Je mène une lutte : contre la pauvreté et contre l'ignorance, qui font qu'au Népal et au Tibet certaines jeunes filles bouddhistes sont contraintes de devenir religieuses pour échapper à l'enfer. Devenir nonne pour ne pas être transformée en esclave domestique, pour ne pas être mariée à un homme rude qui battra sa femme et la fera travailler comme une mule. Je connais bien l'histoire : je suis l'une d'elles. À dix ans, j'ai décidé que je ne me marierais jamais et que plus personne ne lèverait la main sur moi. À commencer par mon père.

Mon père... Comme je l'ai aimé ! Comme je l'ai détesté ! Il m'a frappée comme un chien. Il m'a admirée comme une divinité. Deux hommes ont compté dans ma vie, et m'ont faite telle que je suis. Mon père, parce qu'il m'a battue ; mon maître bouddhiste, parce qu'il m'a aimée. Je dois tout à ces deux hommes, et je ne l'oublie jamais. Sans la colère de l'un et la compassion de l'autre, sans doute serais-je aujourd'hui mariée à un commerçant de vingt ans de plus que moi, épouse soumise comme la majorité des Tibétaines, occupée à cuisiner le matin, à laver l'après-midi et à satisfaire mon époux la nuit. Je saurais à peine lire, mais la chose importerait peu, puisque j'aurais une nichée d'enfants dont m'occuper, et pas franchement de temps à perdre en rêveries stériles. Je serais dépendante et ligotée – sans même en avoir conscience. Je n'ai pas eu ce destin-là. Je mesure ma chance.

— Vos chansons sont si apaisantes, elles me libèrent de toutes les tensions, votre voix est si douce, merci ! me complimente-t-on souvent après mes concerts.

Douce, oui, je peux l'être. Je suis petite et on me dit qu'il se dégage quelque chose d'assez délicat de mon visage et de mon maintien. Mon crâne rasé et mes vêtements orangés, signes distinctifs de mon statut de religieuse, imposent la retenue. Je n'aime pas les gestes brusques, je parle doucement, je m'efforce de sourire gentiment. La pratique du bouddhisme et de la méditation m'a donné une certaine sérénité.

Mais même si je suis féminine, j'ai en moi une dureté et une détermination qui feraient ployer beaucoup d'hommes. Au fond de moi, comme la lave en fusion au centre de la Terre, se niche un amas de molécules indestructible, une boule de force et d'énergie d'une densité rare, qui me pousse et me guide. Cette pépite de volonté brute est aujourd'hui ma meilleure alliée. Hier, elle aurait pu me conduire au pire. Elle m'a mal conseillée, parfois. Beaucoup de violence, beaucoup de haine. Comme un tigre apprivoisé, elle demeure là, tapie dans mon cœur, dans mon ventre, domestiquée et pourtant, pour toujours, fondamentalement sauvage. Je suis une guerrière. Et mes armes s'appellent Amour et Compassion.

1

Marquée

Je suis née à Katmandou, dans un quartier nommé Bodnath. C'est un petit morceau de Tibet exilé au Népal. Une grande porte en pierre marque l'entrée de notre quartier. Dehors, c'est le Népal. Dedans, c'est chez nous. Les rues s'articulent en étoile autour du *stupa*, le gigantesque temple bouddhiste qui est le centre névralgique du quartier. Ma mère répète avec fierté que c'est l'un des plus grands du pays. Le soir, les familles s'y retrouvent, pour prier et se raconter les nouvelles. Les Tibétains ont pour habitude de déambuler autour des *stupas*, toujours dans le même sens, de la gauche vers la droite – c'est important – en tournant au passage les nombreux moulins à prière encastrés dans les murs et en murmurant des incantations. Des centaines de petits drapeaux multicolores en soie et en forme de triangle claquent dans le vent, on les appelle des *lung-tas*. Les commerçants parlent tibétain, la plupart des gens boivent du *po cha*, le thé au beurre de yak rance, et on trouve des *momos*, raviolis à la viande ou aux légumes, aussi bons, paraît-il, qu'à Lhassa, la capitale du Tibet. Certains de nos voisins sont népalais, et la cohabitation ne pose aucun problème. Le sang tibétain de mes parents coule dans mes veines, mais je me considère comme tibéto-népalaise et je suis fière d'être née dans ce pays, celui de Bouddha.

Mes parents ont quitté séparément leur terre natale au milieu des années 1950, quand les communistes chinois ont envahi le Tibet et commencé à tuer ou à emprisonner tous ceux qui ne marchaient pas droit. Ils venaient de la même région dans l'est du pays, que l'on appelle le Kham, mais pas du même village.

Avec leurs familles respectives, ils ont d'abord atterri en Inde, où ils se sont connus. Mes parents parlent peu de leur vie d'avant. Parfois, le soir, avec les invités, je les entends raconter des souvenirs. Ils n'ont pas vraiment l'air malheureux ici, la vie y est moins rude que dans les montagnes qu'ils ont quittées. Comme la plupart de leurs voisins, ils portent les vêtements traditionnels tibétains, des robes fermées sur le devant, la taille serrée dans un morceau de tissu coloré. Mon père, deux têtes de plus que tous les autres hommes, a les cheveux aux épaules, attachés en une maigre queue-de-cheval. Ma mère a de longues tresses bien noires posées sur ses seins lourds et qui tombent jusque sur ses hanches. Elle aide mon père dans son travail et, évidemment, s'occupe de la maison. Nous vivons ensemble, dans la même pièce. Tout se passe ici, entre les murs de ciment de cet espace à peine plus grand qu'une chambre. On travaille, on cuisine, on mange, on dort. Tout. C'est ici que mon père fabrique ses statuettes religieuses. Il travaille dur et a besoin de tranquillité lorsqu'il pose ses outils, à la nuit tombée, les sculptures de la journée rangées le long du mur. Il les façonne grâce à une série de moules, dans lesquels il coule du bronze ou du cuivre. Ensuite, il les peint avec des produits dangereux que je n'ai pas le droit de toucher. De loin, accroupie contre le mur opposé, j'en respire les effluves. Ça monte à la tête, et après, je suis un peu bizarre, flottante et détachée. Je m'éloigne de la réalité, en respirant les relents de ses bouteilles à tête de mort. J'aime le regarder sculpter, en silence pour ne pas l'importuner.

Lorsqu'ils se sont rencontrés, mes parents étaient amoureux. Mais pas l'un de l'autre. Mon père vivait avec la femme de sa vie. Ils avaient un fils – mon demi-frère. Ils étaient heureux. Ma mère, elle, avait une fille d'un militaire tibétain qu'elle voyait très peu, car il voyageait toujours pour son travail, mais qu'elle aimait de tout son cœur. Elle lui écrivait très souvent, j'ai toujours trouvé ça très romantique. Mon grand-père maternel, lui, ne l'aimait pas du tout. La seule fois où je l'ai rencontré, je l'ai entendu évoquer ce premier mari et le traiter de bon à rien. Lorsque la femme de mon père est morte, en Inde, mon grand-père a donné sa fille à mon père. Cela s'est fait comme cela, et ma mère n'a pas eu à exprimer son avis. Les filles ne discutent pas les décisions. C'est la culture, ici : les parents décident du sort de leurs enfants. Il n'y a même pas eu de cérémonie de mariage. Pas assez d'argent, pas assez de temps. On les a mis ensemble, voilà tout.

De toute façon, le cœur n'était pas à la fête : mon père avait perdu sa bien-aimée ; ma mère, sans nouvelles du sien, devait abandonner sa fille à son propre père et à sa tante. Un matin, le cœur gonflé de haine et de désespoir, elle a rejoint son nouveau foyer. Son nouveau mari avait vingt-cinq ans de plus qu'elle. Pour faire cesser ses larmes, on lui a raconté que son bel amoureux avait accepté sans lutter la compensation financière que mon père lui avait versée pour prendre sa femme – c'est la coutume au Tibet, quand on choisit la compagne d'un autre. Il n'avait fait aucun effort pour la reconquérir ou la garder et avait empoché l'argent sans demander son reste. Ma mère a cru mourir de chagrin, sonnée d'avoir été oubliée si facilement par celui à qui elle avait donné son cœur. Alors elle s'est résignée. Je ne sais pas s'il faut s'en réjouir ou pas, mais je suis arrivée très peu de temps après leur union. Je suis née d'un mariage forcé.

Ma mère accouche dans notre maison, le dixième jour du quatrième mois du calendrier lunaire, dans l'année du rat. C'est ce qu'elle m'a toujours dit, mais je pense qu'elle n'en a jamais rien su. Ces choses-là ne sont pas très importantes. Ma mère a eu huit grossesses, et seuls quatre enfants ont survécu. Un sur deux. La mort est aussi puissante que la vie. Le cycle de la vie et de la mort est bien trop complexe pour s'arrêter sur une simple date... Quand on me demande ma date de naissance, pour ne pas entrer dans des conversations sans fin sur la raison pour laquelle je ne connais pas le jour de mon anniversaire, je réponds « le 4 juin 1971 », et personne n'insiste.

Quand j'ai eu cinq ans, ma mère a décidé que j'étais en âge de l'aider. Une bouche à nourrir est une bouche qui doit gagner sa croûte. Je suis chargée du ravitaillement en eau. Tous les matins et tous les soirs, je pars avec mes deux seaux jusqu'à la fontaine publique située à quelques rues de là. C'est lourd et je ne dois pas en renverser. Je suis fière de faire quelque chose pour elle. J'aime rendre service à ma mère. Je vois bien qu'elle n'est pas heureuse, même si elle ne se plaint pas vraiment. Mon père rentre souvent ivre à la maison et bat sa femme pour un oui ou pour un non. Quand, finalement, fatigué d'avoir frappé si fort, il tombe sur sa couche, à même le sol, et s'endort en ronflant, je me colle à elle et pose ma tête dans son cou. Je lui souffle doucement dans les oreilles pour lui donner la seule caresse que je connaisse. Serrées ainsi l'une contre l'autre, dans le coin opposé au lit de mes parents, à même le ciment dur et glacé, nous nous endormons. Quand le froid nous réveille, ma mère rejoint son lit et moi le mien, situé dans l'angle. Elle s'allonge contre son mari, comme si rien ne s'était passé. Moi, je me colle le dos contre le mur, dans l'espoir de le repousser, les jambes à l'équerre, les bras contre mon ventre. Dans cette position, au moins, je peux surveiller leur lit et m'assurer que tout se passe bien. Et si mon père se réveille et vient réclamer son dû, écartant brusquement les cuisses de sa femme, au moins, je peux me retourner et cesser de voir ce que je ne pourrai jamais m'empêcher d'entendre.

À six ans, je sais déjà décrypter et reconnaître le regard malveillant de mon père, ses mâchoires crispées qui se serrent et se desserrent à toute vitesse, alors qu'il ne mâche rien. Mais il rumine quelque chose, c'est sûr. Quoi ? Il y a toujours une bonne raison pour que les coups pleuvent. Très vite, ma mère ne suffit plus à la colère de mon père. Elle tente de me protéger au début, en vain. Quand mon père me frappe-t-il pour la première fois ? Ma mémoire a choisi de ne pas stocker cette information. À moins que je ne fusse trop petite pour me le rappeler.

Ce matin, je travaille dehors avec mes voisines, elles s'appellent Dolma toutes les deux. Dolma a inventé un concours : celui de la meilleure briqueuse de pot. L'aluminium noircit au contact du feu, et il faut alors gratter les casseroles, afin de les faire briller. Assises à l'arrière de la maison, sur de petites marches pour ne pas salir nos vêtements, armées de balais faits de feuilles de maïs et de paille, nous frottons comme des damnées, pour chasser toute trace de brûlé. On s'amuse à se dire que nos bols ne sont pas en aluminium, mais en argent. Nous n'en avons jamais vu, mais Dolma raconte qu'il y en a du vrai, au monastère. Je suis très concentrée sur ma tâche. Tellement concentrée, que je n'entends pas mon père qui m'appelle.

Il surgit derrière moi, soudain. Il est immense. Je suis assise par terre, il ressemble à un géant et je pense à ce dessin que j'ai vu dans un magazine la dernière fois à l'épicerie, où un monstre vert aux muscles si énormes qu'ils ont fait craquer sa chemise menace un tout petit homme qui le regarde les yeux hors de la tête. Que va-t-il m'arriver ?

— Pomo, qu'est-ce que tu fais ici ? Je te cherche depuis dix minutes !

Pomo, ça veut dire « fille » en tibétain et tout le monde m'appelle ainsi. Mon vrai nom, Drolma Tsekyid, personne ne l'utilise. J'ai toujours été Pomo. La fille.

— Je suis désolée, papa, je ne t'ai pas entendu, nous étions en train de jouer à *dohori* en nettoyant les pots.

Le *dohori*, c'est une sorte de joute verbale. On dialogue en chantant et la personne doit vous répondre en rimant.

— *Dohori*, hein ?

Il m'attrape une grosse poignée de cheveux et me soulève comme ça, comme une poupée, par la tête. Pour avoir moins mal, je me dresse sur mes talons pour tenter de me grandir et j'essaie, prisonnière de sa main, de suivre le rythme de ses pas. Je sais que si je tombe, il est capable de me traîner ainsi dans la poussière, par les cheveux. Mes pieds s'emmêlent, mes bras, instinctivement, s'accrochent à ses jambes. Il s'arrête et me repousse brusquement d'un coup de pied. Cette fois, je ne peux que m'affaler. Les Dolma ont déjà filé.

Je me recroqueville contre le montant de la boutique qui signale l'entrée de notre maison. Il entre, et je le suis.

— Tu sais bien, pourtant, que j'ai besoin de toi !

Il range ses pinceaux, sa voix est douce, et je tremble davantage. J'ai remarqué que plus il se passe de temps entre le moment où je fais une erreur et celui où il me corrige, et plus il tape fort. S'il ne peut pas me battre sur le coup, il prend son temps et agit de manière plus méthodique. Et une fois lancé, il ne s'arrête plus.

— Je dois me rendre chez ton oncle récupérer un sac de *tsampa* (de la farine d'orge grillée dont les Tibétains sont très friands). Je te punirai en rentrant. À cause de toi, je pars sans avoir bu mon thé. Réfléchis bien à ça, Pomo.

Et il sort, l'air content.

Mon cœur bat si fort dans ma poitrine que j'ai l'impression qu'il va l'entendre depuis la rue. Il bat si fort que je n'entends plus que lui. Je sais qu'avec mon oncle ils vont boire du *tschang*, une bière tibétaine à base de riz fermenté. Lorsque mon père rentre en sentant l'odeur un peu sucrée du *tschang*, il se contrôle encore moins que d'ordinaire. Ces soirs-là, un simple regard peut provoquer la raclée.

Ma mère est partie pour quelques heures, je ne saurais dire où. Tout ce que je sais, c'est que je suis seule avec mon père et que cela ne présage jamais rien de bon. Je suis seule. L'air me paraît soudainement lourd, chaud, j'ai du mal à respirer. Je devrais faire la vaisselle, mais je suis incapable de bouger. Je reste comme ça, prostrée, durant un temps qui n'en finit pas. Enfin, il rentre. La nuit est tombée. Pas un mot, pas un regard, mais l'odeur sucrée. Sa démarche est lourde. Il allume la lumière, s'assoit dans son coin atelier et commence à aiguiser ses outils. Je me tiens prête. Cela ne sert à rien de me cacher. Mais il est très concentré sur son travail, il sifflote. Il semble avoir oublié ma présence. Mon estomac est tellement serré que je pourrais vomir. C'est une torture.

Se peut-il qu'il ait oublié ? Qu'il ait trouvé, finalement, que la faute n'était pas si grave ? Mon esprit d'enfant terrorisée ne trouve pas d'explication à son indifférence. Mon petit cerveau mouline. S'il ne me frappe pas aujourd'hui, il le fera demain, pour autre chose. Et alors, il se souviendra de cette correction à laquelle j'aurai échappé, la veille. Il m'en voudra d'avoir cru le berner, me traitera de maligne. Si je me dénonce, il sera peut-être impressionné.

— Papa, papa, je crois que tu as oublié quelque chose… Tu sais, tout à l'heure, le *dohori*, ton thé…

Il lève les yeux de son couteau. Me regarde, un peu étonné. Je pense qu'il est fier de moi. Ses yeux brillent dans la pénombre. Avec la lampe qui l'éclaire par en dessous, en un halo orangé et tremblant, je m'aperçois d'un seul coup qu'il a vraiment l'air d'un fou. Il n'est pas fier, il est fou. Et complètement saoul. Depuis le coin opposé, il jette son couteau vers moi. Je suis tellement surprise que je ne bouge pas. Le manche en bois atteint le dessus de mon œil. Il se saisit d'un burin et me vise une nouvelle fois. Il va me tuer, me crever un œil. Il se met à quatre pattes, se dresse dans la pièce et s'approche. Je remarque qu'il n'a plus d'outils à la main. Je roule sur le côté et me glisse sous la couverture épaisse dans laquelle je dors depuis toujours. Ça y est, c'est maintenant. Il me frappe à coups de bâton, sur le dos, les jambes, la tête, partout où il peut. Roulée en boule sous ma couverture, presque incapable de respirer, je réussis à étouffer mes larmes en mordant dans la laine. Mes cris l'excitent encore plus. Il est trop saoul pour se rendre compte que la couverture me protège, il n'essaie même pas de me l'enlever. Enfin, il s'arrête. Je ne bouge pas. Il dit qu'il est fatigué, qu'il ne comprend pas pourquoi je lui donne tant de peine, lui qui se tue à la tâche pour que ma mère et moi ayons à manger chaque jour, il rumine sa hargne quelques minutes, puis s'effondre sur sa couche. Pour cette fois, je suis tirée d'affaire.

Quasiment tous les jours, mon père trouve une bonne raison pour me frapper. Il m'explique que s'il me corrige souvent, c'est parce que je fais beaucoup de bêtises. Je n'ai pas l'impression de m'améliorer, au contraire, je deviens sûrement pire qu'avant, puisque je suis de plus en plus battue. Je ne demande qu'à bien me comporter, mais je ne sais jamais ce qui va mettre mon père en colère. Si je n'ai pas achevé de préparer le repas alors qu'il a faim, il me tape sur la tête ; s'il m'appelle et que je ne rapplique pas assez vite, si je n'ai pas fini la vaisselle, si je marque des hésitations en récitant mes prières, si je laisse pleurer trop longtemps mon petit frère, dont je m'occupe comme une mère… Si, si, si… Mon père trouve toujours une occasion pour décharger la rage qui brûle dans ses veines. Il agit alors comme un possédé, habité par le démon, saisit tout ce qu'il trouve, couteau, fils électriques, assiettes, poêles… Il me frappe de toutes ses forces, sans jamais retenir son geste. Sans craindre de me blesser, il me cogne. Comme s'il voulait mettre sa puissance à profit pour me réduire à néant.

Il est mon père et a le droit de me frapper, il a tout pouvoir sur moi. Je ne me plains à personne. Mais je ne comprends pas qu'il tape si fort. C'est ça, surtout, qui me semble injuste. Je vis dans la peur. La peur de mal faire, la peur d'être tapée. Lui qui a été tant battu dans ses jeunes années par un beau-père capable de lui mettre le dos en sang à coups de ceinture sait parfaitement que l'attente de la douleur est pire que la souffrance elle-même. C'est comme de marcher au bord d'un précipice sans savoir à quel moment un morceau de terrain va s'effondrer. La chute est certaine, mais on ne sait ni ce qui la provoque, ni quand elle va survenir, ni quelles en seront les conséquences.

Pourtant, il ne m'a jamais rien cassé. J'ai le dos couvert de bleus, je suis sans cesse courbaturée, mais il me fait rarement saigner. Jusqu'au jour où il manque de me défoncer le crâne.

Une fois encore, cela se passe dans notre maison. Ma mère s'est absentée pour aller au marché, je suis seule avec lui. Nous sommes en train de transvaser de la *tsampa* : nous la dégustons en la mélangeant avec du thé et du sucre, ou du beurre. C'est l'un des éléments de base de notre alimentation. Comme chaque fois que mon père me demande de faire quelque chose d'important, je suis stressée. Je maintiens le sac ouvert entre mes jambes, accroupie à côté de lui, et lui transvase la farine, d'un sac à l'autre, dans une timbale métallique. Tout se passe bien. Mais au bout de quelques minutes sans encombre, sa main bute sur la toile rigide et un peu de farine tombe sur le sol. C'est lui qui a fait une fausse manœuvre, mais je sais déjà que c'est moi qui vais payer.

— Imbécile, imbécile !

— Pardon, papa, pardon, je vais ramasser…

Mon père, plus rapide que l'éclair, me frappe le crâne, le bras armé de sa timbale de métal au bord acéré. Un liquide chaud glisse doucement sur mon crâne, et je sombre dans une semi-inconscience moelleuse. Je ne m'évanouis pas, mais je me sens vaporeuse. J'ai chaud et j'ai mal. Le sang coule sur mon front, mes yeux, je l'essuie de ma main, en même temps que la morve coule de mon nez. Je n'ose pas regarder mon père. J'ai honte. Je ne suis pas fautive, mais je m'en veux quand même. Mon père travaille dur pour se procurer cette farine.

— Excuse-moi, papa, je suis désolée…

Je me sens coupable, sans bien savoir de quoi. Sans un mot, mon père se penche sur ma tête, saisit un mouchoir dans sa poche et essaie de stopper l'hémorragie. Sans délicatesse, mais avec attention cependant, il tapote la plaie, et tente de contenir le sang. Son visage reste impassible. Au bout de quelques minutes, il se lève en jetant sa tasse par terre. Elle fait un bruit sourd, rebondit une fois, puis roule à mes pieds. Il ne me regarde même pas, et s'en va. Je me sens tristement stupide.

Je n'oublierai jamais cette scène, car je porte aujourd'hui sur le haut du crâne une longue cicatrice de quelque quatre centimètres. Je sais que les gens la regardent et se demandent ce que c'est. Elle se détache parfaitement sur ma tête rasée, nette et précise, au sommet de mon crâne. Parfois, on m'interroge sur son origine. Je réponds à côté, en désignant la deuxième cicatrice de mon crâne, due à un accident de voiture sans importance. Je n'évoque presque jamais cette part de mon enfance.

Je préfère me rappeler les bons moments avec mon père, lorsqu'il a décidé que j'avais l'âge d'apprendre à réciter mes prières, ou quand il me prenait dans ses bras et me berçait comme un bébé, en me demandant de faire semblant de le téter. Mon père pouvait aussi être tout à fait charmant. C'était un hôte réputé, et ses cousins, des Tibétains réfugiés en Inde qui nous rendaient visite, étaient toujours assurés d'être reçus avec un bon plat de viande. Ces scènes-là brillent d'un éclat si vif dans ma mémoire qu'elles sont capables de m'émouvoir aux larmes. Les mauvais souvenirs, eux, me reviennent dans une brume opaque et ne me touchent pas plus que cela.

2

La petite sœur de Bruce Lee

Ma mère est enceinte de mon deuxième frère, et va bientôt accoucher. Son ventre est énorme et je fais tout mon possible pour la soulager. Un matin, alors qu'elle est en train de porter un sac de riz livré par la femme de son frère, elle se plie brusquement en deux, et tombe à genoux. Sa robe bleue devient noire entre ses jambes. Elle met la main sur son ventre et crie :

— Pomo, ça y est, ça y est, va chercher ton père !

Mais je ne veux pas bouger, je veux rester avec elle.

À la maison, ce jour-là, il y a la belle-mère de mon frère aîné, Lodu Kunchap. C'est le fils de la première femme de mon père, et la mère de son épouse nous a rendu visite. Elle réagit immédiatement, et allonge ma mère sur sa paillasse. Je suis légèrement de côté, quasiment en face de ses jambes ouvertes, je vois tout. Personne ne pense à me dire de me mettre ailleurs. J'ai déjà assisté à la mise bas de chiennes dans la rue, mais c'était très différent. Il y a tant de sang, tant de cris que la tête me tourne. Je ne veux pas m'évanouir. Ma mère a les yeux révulsés, tout me semble rouge : son visage, ses cuisses, son lit, la chose qui sort d'entre ses jambes. Je contemple hallucinée le spectacle de cette femme qui est ma mère bien-aimée, nageant dans une mare de sang, rendue méconnaissable par la douleur. La tête ne sort pas. La voisine tire sur les petits pieds glissants : il se présente par le siège. J'ai dans les sept ans, et je sais parfaitement qu'on peut mourir ainsi. Je tremble. Mon père est arrivé. Il l'aide, mais je devine qu'il est bouleversé et mal à l'aise.

— Il faut l'emmener à l'hôpital, s'il te plaît, papa, emmène-la à l'hôpital !

— Les femmes tibétaines accouchent ainsi, Pomo, je ne vois pas pourquoi nous ferions une exception !

Mon père parle fort, mais sa voix chevrote. Pour une fois, il n'est pas très sûr de lui. De toute façon, nous n'avons pas l'argent pour la conduire chez un médecin.

La chose, enfin, sort en entier. Ses yeux sont fermés.

— Il ne crie pas, constate la voisine.

— Yeshi, ton bébé est mort…, souffle mon père à sa femme.

En effet, ça n'émet aucun son.

— Attendez, ne coupez pas le cordon tout de suite…

Alors qu'elle semblait évanouie, ma mère se redresse, et rassemble ses forces pour parler. Elle ne semble pas accorder d'attention à ce que mon père vient de lui dire. Elle prend le bébé dans ses bras, encore lié à elle, et le lèche. Des petits coups de langue habiles, sans hésitation, délicats, autour de la bouche et du nez du nourrisson. Comme une chatte, elle nettoie son petit, devant nous tous, stupéfaits. Avec sa bouche, elle aspire le liquide qui continue d'encombrer son nez et sa bouche. Elle est en train de le moucher avec sa bouche… Son geste vient du fin fond du règne animal. Ça, les chiennes que j'ai vues le font aussi.

— Il pleure, il pleure !

La chose est revenue du royaume des morts et gueule avec une réjouissante application. Je ris, et me jette spontanément dans les jambes de mon père, heureux lui aussi, hurlant à son tour. Il me porte et me tient à bout de bras, comme si c'était moi, le nouveau-né. Ma mère, son miracle accompli, est retombée dans une sorte d'inconscience. Bientôt, mon père se décide à conduire à l'hôpital sa femme et le nouveau-né, Karma Choesang. Ma mère est si faible et saigne tellement, qu'elle ne parvient pas à expulser le placenta, et seuls les médecins pourront achever de la délivrer. Je reste seule à la maison, avec mon autre frère, Karma Phuntsok Sonam, qui a alors trois ans. Mes deux petits frères sont devenus mes deux enfants. Mes uniques compagnons jusqu'alors étaient les chiots du quartier que je nourrissais en cachette, au biberon parfois – j'en avais trouvé un dans une poubelle. J'étais toujours habillée de vêtements qui en étaient à la quatrième génération d'enfants, tee-shirts trop grands, pantalons de coton passés… Mon père les rapportait de je ne sais où, sans doute les achetait-il auprès d'organismes humanitaires, je ne posais pas de questions et les usais jusqu'à la corde. Avec moi, ils finissaient leur cycle.

Lorsque je les recevais, ils étaient beaucoup trop grands. Quand enfin on m'en donnait d'autres, ils étaient devenus bien trop petits. À la maison, notre seul luxe, c'était la nourriture. J'ai toujours mangé à ma faim, de la viande souvent et des soupes de légumes, du *dhal bat.* Mon père y mettait un point d'honneur. Pour le reste… les joies étaient rares. Je n'allais pas encore à l'école, mes seuls jouets étaient ceux que je trouvais dans la rue. Et mes deux petits frères…

J'aime qu'ils dépendent de moi. Quand ma mère s'enfuit quelques jours pour échapper à la fureur de mon père, je reste seule avec mes petits frères à la maison. Ils me rendent importante. Il y a des moments où je les déteste, aussi : lorsque je dois nettoyer leurs langes. Le dernier est né pendant l'hiver, quand la fontaine est glacée. Je me lave une fois par semaine, en prenant un peu d'eau chez les voisins. Ils font leur propre liqueur artisanale, et pour la fabriquer, ils utilisent beaucoup d'eau, qu'ils chauffent puis transvasent dans un grand baquet. Lorsqu'elle commence à refroidir et ne produit plus assez de vapeur, ils n'en ont plus l'usage, alors je leur demande si je peux m'en servir pour ma toilette. Je me glisse derrière la maison et me lave avec délices. Mais il n'y a jamais assez d'eau, et je continue de faire la vaisselle et de nettoyer les langes de mes frères à l'eau froide. Mes mains sont pleines d'engelures, si dures que je ne peux plus les plier, ridées comme celles de la grand-mère de Dolma. Je ne comprends pas comment un être si petit et si mignon peut chier autant. Mais il suffit qu'il se mette à hurler, et je cours le changer. Je pense que c'est ça, l'amour : être capable de torcher les fesses puantes d'un petit être hurlant et de sentir, presque en même temps, son cœur se gonfler. Il me rend douce. C'est grâce à mes frères et à ma mère que l'amour grandit quand même en moi alors que je suis en train de m'endurcir jusqu'à m'en dessécher l'âme.

À neuf ans, je suis un petit caïd au féminin. Les voisins m'appellent même Bruce Lee. Sans doute parce que je suis coiffée comme lui, au bol. Ce surnom me plaît beaucoup car j'adore Bruce Lee. Je veux me battre comme lui, être forte comme lui, casser des murs de briques avec les poings comme lui, gagner à tous les coups comme lui. Les grands du quartier me craignent, et j'adore ça. Pourtant, je suis toute petite. J'ai l'air d'avoir sept ans. Mais je n'ai peur de rien. Des coups supplémentaires ? Et alors ? Ce ne peut pas être pire que ceux que je reçois à la maison. Cela me donne un sentiment de puissance enivrant. J'aime surtout m'attaquer aux garçons, de préférence plus âgés et plus costauds que moi.

Nos voisins d'à côté ont deux fils, tous deux gras et bêtes. Un matin, je surprends Lekhi, le plus âgé, en train de frapper sa petite sœur. Elle est à terre, dans la cour, et il la tape avec un tuyau en plastique, sans grande conviction, uniquement pour la faire pleurer. La haine me chauffe les veines en une seconde. Je prends une pierre et la lui lance dans le dos. Il se retourne et file à ma suite dans les rues boueuses de Bodnath jusqu'aux limites de notre quartier. Je cours bien plus vite que lui. Je me retourne et je le vois, rouge et suant, trébuchant sur les pierres du chemin. Je sais qu'il va bientôt abandonner. Je m'arrête et lui fais face. J'ai un caillou dans la main.

— Mais qu'est-ce que tu me veux à la fin, pourquoi tu ne restes pas tranquille chez toi, Pomo ? Occupe-toi de tes affaires...

— Laisse ta sœur, elle n'a rien fait, elle est toute petite.

Je n'ai pas vraiment envie de me battre. Juste qu'il recule devant moi, qu'il s'avoue vaincu. Il sait que j'ai la hargne d'un chien enragé, de ceux qui n'abandonnent jamais. Lekhi m'a surprise un jour en train de taper mes poings contre le mur de la cour, celui qui sert d'enceinte avec la maison d'à côté, le seul qui soit en béton et non pas en torchis. Ce jour-là, j'étais de mauvaise humeur. Je me suis approchée du mur, j'ai collé mon nez dessus, le front appuyé. Les grains du béton scintillaient dans le soleil. De près, ils semblaient énormes, parfaits, aiguisés, comme des petits diamants. J'ai posé mon poing dessus et appuyé. De plus en plus fort. Les petits morceaux de sable ont formé un joli dessin en creux sur ma main, plus blanc que le reste de ma peau. Toujours en le maintenant contre le mur, j'ai laissé mon poing glisser doucement. Ça brûlait. La peau rougie s'arrachait délicatement au niveau des phalanges. Le sang perlait à peine, il y avait juste une multitude de petites griffures rosées et brillantes. J'ai frotté plus fort, de haut en bas. Cela faisait vraiment très mal, je n'aurais pas cru. Presque timidement, je me suis mise à taper dans le mur. Des sanglots me sont montés à la gorge et j'ai serré les dents. J'ai levé la tête pour empêcher des larmes de couler et j'ai aperçu Lekhi, bouche bée, accoudé à sa fenêtre, qui me regardait comme si j'étais folle. Ma réputation était faite.

Mais à la maison, j'adopte un profil bas. Il ne me viendrait pas à l'idée de remettre en question l'autorité paternelle. Jamais je ne penserais à lever la main sur mon père, ou à lui retourner ses coups. Je suis bien trop minuscule face à lui. Raclée après raclée, je m'endurcis pourtant. J'ai la tête dure. Très dure. Je le crains, bien sûr, mais cela ne m'empêche pas de faire, parfois, ce dont j'ai envie. J'adore voir des films de Bollywood – et j'aime toujours autant ça aujourd'hui ! À Bodnath, il n'y a pas à proprement parler de cinéma. Mais dans mon quartier, certains commerçants organisent des projections vidéo collectives sur leur télévision. Évidemment, je n'y vais qu'après avoir fini tout mon travail domestique. Mais un film indien dure très longtemps, jusqu'à trois heures parfois. Trois heures durant lesquelles je ne serai pas à la disposition de mon père. Cela le rend ivre de rage, et il m'interdit d'aller voir des films qu'il juge, en plus, subversifs et niais. De temps en temps pourtant, quand je n'y tiens plus, ou quand une de mes voisines m'a trop aiguisé l'appétit pour que je puisse continuer de résister, j'y vais. Je prends une séance qui commence juste à l'heure du déjeuner ou du dîner, et je file, l'estomac vide, en espérant que, trop occupé à manger, il ne me cherchera pas. Une fois sur deux, lorsque je reviens à la maison, la tête dans les étoiles et le cœur avide de romantisme, je suis accueillie par le fouet qu'il s'est confectionné avec des fils électriques. Je me dis que c'est la procédure normale, le prix à payer pour voir un film : deux roupies plus une grosse torgnole !

Je ne me suis jamais haïe, sous-estimée ou mal jugée. Je ne me suis jamais dit que je méritais ce qui m'arrivait, je n'ai jamais retourné toute cette rage contre moi. Jamais. Mais j'ai développé une certaine dureté. Je pleure finalement assez peu. Je n'apprécie pas d'être battue, ça non. Mais je suis résignée, j'accepte mon sort. J'ai appris à maîtriser la douleur. Une douleur que l'on connaît bien s'apprivoise, il suffit de ne pas trop y penser et d'attendre qu'elle diminue, puis s'envole. Ne pas y accorder trop d'importance. Lui donner une forme, et la ranger dans une boîte lorsqu'on ne veut plus la voir. Dès qu'il cesse de me frapper, une part de moi oublie. Mon destin est ainsi. Instinctivement, j'ai continué de me tourner vers ce qui m'apportait du plaisir. Ma mère, mes frères, les films de Bollywood.

Le soir après dîner, quand j'ai achevé mes corvées, je sors avec mes frères, tenant l'aîné par la main, l'autre agrippé à mon dos, comme un petit colis hurlant et riant, attaché par un linge noué autour de ma taille et de mon dos. Nous filons, mes baluchons adorés et moi, dans les rues pour rejoindre le *stupa* tout proche et en faire le tour, inlassablement, avec tous les gens du quartier. Je fais sauter le petit sur mes reins douloureux, pour le faire hurler de rire, tandis que l'aîné vole presque pour suivre mes foulées, ravi de l'aventure. Parfois, nous grimpons sur les marches du *stupa*, je monte, descends, pleine d'une énergie plus grande que moi.

Je ne suis jamais essoufflée. Je ne vois pas le temps passer. Jusqu'à ce que je me souvienne, soudainement, réveillée sans doute par la piqûre de douleur des mains de mon petit frère agrippées dans mes cheveux, que mon père va être furieux que je me sois absentée si longtemps. Et qu'après tant de joie ses coups se chargeront de me rappeler à la réalité. Qu'importe : le jeu en vaut bien la chandelle. Mais une part de moi est morte durant ces années-là. De même que mon corps garde des traces de sa fureur, mon âme est sculptée de bosselures qui ne s'aplaniront jamais.

3

Prendre refuge

Je mène une vie de misère, mais je m'en accommode. Ce qui me broie le cœur et me retourne le ventre, c'est la douleur de ma mère. Entre les mains de mon père, elle est aussi fragile qu'une poupée de chiffon. Je ne le supporte plus.

Elle me soutient tant, et je souffre de ne pas lui rendre la pareille. Je peux faire le ménage, prendre soin du bébé, lui montrer mon amour, je peux être la femme de la maison à sa place, pourtant, je suis incapable de la rendre heureuse, de la décharger moralement. Pourtant, je n'ai pas de vœu plus cher. Mon père me bat toujours, mais il frappe ma mère avec une haine nouvelle : il sait qu'il me touche à travers elle. Sa rage se nourrit de sa jalousie : il supporte mal la complicité qui nous unit toutes les deux. Cet amour sans bornes dont il se sait privé, il nous le fait payer. Très cher.

En rentrant d'une courte promenade autour du *stupa*, je découvre maman à terre. Elle se tient le bas du dos de la main droite et tente de se relever en s'appuyant contre le mur. À terre, les cornes de cerf habituellement accrochées au mur, cadeau d'un visiteur à mon père. L'objet de décoration s'est transformé en outil de torture. Ma mère lève la tête. Je la trouve blanche et cernée. Elle a vieilli.

La petite table sur laquelle sont posés l'autel et la photo du dalaï-lama est renversée. Je ne me souviens pas de ce qui s'est passé ce jour-là. A-t-elle tardé à lui servir son dîner ? S'est-elle aventurée à poser une question sur son absence ? Qu'importe... Il l'a violemment poussée pour la faire chuter. Elle s'est cogné l'épaule droite en rebondissant contre le mur, avant de tomber en arrière sur une grosse malle en métal qui nous sert pour ranger les habits. Là, il a décroché les cornes du mur, et lui en a administré un coup sur le dos. Je laisse la rage gonfler en moi comme une coulée de lave. La colère me brouille la vue. Par réflexe, pour contenir ma hargne, je pince le mollet de mon petit frère, juché comme toujours sur mon dos. C'est parfaitement injuste, mais il est là, et c'est lui qui prend. Le bébé, surpris, se met à hurler.

— Ne me dis pas que tu ne le hais pas !

Tout mon corps est crispé par la haine. J'ai l'impression que si je bouge, ce sera cataclysmique. Je ferme les yeux une seconde avant d'aider ma mère à se relever. Elle est tellement abattue qu'elle se laisse quasiment porter. Elle est à peine plus grande que moi, qui approche de mes dix ans. Je l'amène jusqu'à son lit.

— Pars, quitte-le, pourquoi tu restes ici ? Va chez ton frère, ne te laisse pas tuer ici, je t'en prie...

— Ne dis pas de bêtises, Pomo... Et après ? Que

ferais-je ? Qui va me donner à manger ? Toi ? Quoi que je fasse, où que j'aille, ma maison, mon foyer, c'est ici. Je dois m'occuper de mes enfants. Et puis quand ton père n'a pas son problème d'agressivité, c'est le meilleur des hommes, tu le sais.

— « Quand, quand, quand… ! » Tous les jours, il a son « problème d'agressivité » ! Heureusement qu'il se comporte comme un être humain normal de temps en temps… Je le hais !

Je ne peux plus répéter que cela. Je serre si fort le rebord du lit en bois que mes phalanges en blanchissent. Je ne pense plus, je ne ressens plus rien, je suis là, mais je me suis déconnectée de la réalité. Mon frère pleure toujours, et, soudainement, je culpabilise. Ce bébé est parfaitement innocent, pourquoi lui ai-je fait du mal ? Je n'aime pas cette violence que je porte en moi. Je sais d'où elle vient : se peut-il que la colère se transmette de père en fille ? Je sens mon menton trembler et tente de refouler les larmes qui me montent aux yeux.

— Pomo ? Pomo ? Ça va ?

Ma mère est toujours assise à côté de moi, l'air vaguement inquiète. Doucement, elle a posé sa main sur mon bras. Une pression très légère, comme un oiseau sur une branche. J'ouvre les yeux et je la vois. Elle me regarde avec une intensité inquisitrice, tâchant de deviner ce qui se passe dans ma tête. Je sais qu'elle reconnaît cette tempête. Calmement, elle laisse glisser sa main sur la mienne, toujours crispée sur le dossier de la chaise, intacte, exactement à la même place que la seconde précédente. Sa paume est chaude et rugueuse. Mon regard tombe sur nos mains superposées. La sienne est rouge et large, craquelée sur le côté. La mienne est désormais toute molle, abandonnée. Une grande fatigue m'envahit. Si je pouvais, je me laisserais glisser sur le sol, juste là où je suis, comme une chemise que l'on ôte et qui se coule en un tas informe. La rage a laissé la place à la lassitude. Je me sens parfaitement vide.

— Ton père est bien loin d'être parfait. Mais jamais, jamais, je ne pourrais le haïr. Tu sais pourquoi ?

— …

— Parce que je lui dois mon plus beau trésor. Toi, et tes frères. Si tu es là, c'est aussi grâce à lui. Si tu as toujours mangé à ta faim, c'est grâce à lui. Il t'a élevée. Pour cette raison, je serai toujours reconnaissante envers ton père. Et tu sais que tu devrais faire de même. Et puis, écoute-moi bien, mon enfant. Il n'y a aucune raison pour que ton père s'acharne sur moi. C'est mon karma qui veut ça. Sans doute ai-je mal agi dans une autre vie, je le paie dans celle-ci, allons jusqu'au bout et finissons-en.

J'admire beaucoup ma mère d'être capable de tant de compassion. Chaque semaine désormais, à mesure qu'elle constate que ma colère grandit, elle multiplie les paroles apaisantes et tente de me faire comprendre ce en quoi elle croit, et qui l'aide tant. Ma mère a protégé et entretenu la bonté en moi, comme on soigne une fleur fragile, exposée au vent et à la tempête, par ses conversations et ses attentions permanentes. C'est avec elle, durant ses innombrables heures passées à cuisiner, laver, parler, que j'ai pu laisser croître autre chose que de la peur ou de la colère dans mon cœur. Notre cuisine a été le lieu de naissance de tous les sentiments positifs que j'ai développés plus tard, avec mon maître.

Ma mère, comme tous les bouddhistes, pense que tout acte a des conséquences, dans cette existence ou dans une autre. Que chacune de nos vies subit l'influence des précédentes, et s'enchaîne aux autres comme à autant de maillons. Je ne peux m'empêcher de penser qu'elle paie décidément bien cher sa bonté et sa compréhension.

La rébellion n'est pas dans sa nature. Dans la mienne, si. Je ne veux pas subir. Je ne veux pas être l'esclave d'un homme ni être traitée comme un animal. Plutôt mourir que devenir dépendante des humeurs d'une personne n'ayant rien de plus que moi, sinon quelque chose entre les jambes et le droit d'être instruit. En regardant ma mère, je comprends que je n'aurai pas sa vie. Elle me parle d'amour, et je sens la haine grandir dans mon cœur. Le matin, lorsque mon père se lève et que je lui sers son thé, le midi lorsqu'il me demande de l'eau propre pour ses statues, le soir lorsque nous dînons tous ensemble, je ne le supporte plus. Le couple qu'il forme avec ma mère me terrorise, car, en surimpression, je vois le mien qui se profile. À qui mon géniteur va-t-il vouloir me marier ? Je ne veux pas, comme ma mère, être obligée d'épouser un homme qui pourrait être mon père et qui me traitera comme sa servante.

Une force croît jour après jour à l'intérieur de moi, plus forte que moi, plus puissante que mon désir d'être une bonne fille, qui honore ses parents et leur obéit.

Ma mère l'a bien compris. C'est là, dans cette cuisine mal éclairée, entre deux larmes et contre sa poitrine chaleureuse, que ma vie prend son tournant décisif. Que j'ose me rebeller. Il faut du courage pour cela, et, ce jour-là, j'en ai à revendre.

— Mais pourquoi tu t'es mariée ? Il n'y a rien de pire, dans la vie !

— Ne pleure pas, ma chérie, ne pleure pas...

— Je ne veux pas être obligée de vivre comme toi, je ne veux pas devenir l'esclave d'un homme qui se moque totalement de mes désirs, de mes sentiments, qui me traite comme sa chose et me batte comme un animal ! Je ne pourrai jamais supporter ça !

— Peut-être que tu n'es pas obligée...

Elle marque une pause. Elle hésite encore. Je suis pendue à ses lèvres.

— J'ai entendu parler d'un maître bouddhiste près d'ici, dans un monastère, il est très respecté. Tu devrais lui rendre visite, un jour... Et lui dire que tu veux devenir une nonne.

Devenir nonne ? L'idée ne m'a jamais traversé l'esprit, mais en un éclair, elle s'impose. Évidemment ! Si je suis nonne, je serai affranchie de la domination de mon mari, puisque je n'en aurai pas ! Je serai libre, plus qu'aucune épouse ne le sera jamais... Jusqu'à présent, j'ai subi ma vie pleine de coups, sans trop me poser de questions. Les jours se succèdent, je ne pense pas à mon avenir. Mais là, ma mère vient d'entrouvrir une porte, je vais m'y précipiter. Pour moi, comme pour ma mère, qui semble presque étonnée de sa proposition géniale, l'idée est nouvelle. Je l'adopte dans l'instant. Ce moine est ma porte de sortie. Je compte bien la négocier en souplesse. Je n'ai pas le droit à l'erreur.

Je dois trouver de l'argent. Lorsqu'on rend visite à un maître bouddhiste, il faut toujours lui apporter une offrande, en fonction de ses moyens. C'est une coutume et une marque de respect. Je veux que ce moine se rende compte à quel point cette visite est importante pour moi. Dès le lendemain, je commence à essayer de faire des économies. Je n'ai qu'un moyen : détourner un peu de la monnaie de l'argent du lait. Chaque matin, je vais acheter trois bouteilles pour toute la famille. Peu à peu, je parviens, centime après centime, à remplir ma tirelire. Quand il s'en aperçoit, mon père s'en saisit, soupèse la petite boîte alourdie par les sous, les fait s'entrechoquer, et décide de garder l'argent pour lui. Je rage intérieurement de cette injustice. Mais je recommence, inlassablement. Plus discrètement, cette fois. Ma mère, comme par hasard, ne me donne plus l'appoint pour les courses, il reste toujours une poignée de centimes en trop sur le prix du marché. Je la garde. Elle ne me la demande pas. Au bout de quelques semaines, j'ai accumulé une somme convenable. Après tout, ce moine verra bien que je ne suis qu'une petite fille.

Un matin, je suis prête. Je me lève bien avant le jour pour préparer le petit déjeuner de mon père. Puis, je pars me laver à la fontaine. Il fait froid, et deux chiens m'observent de derrière les poubelles. Je rentre, grelottante, et en silence, car mes parents dorment encore, j'enfile une robe blanche, celle que l'on m'a donnée à l'école, pour le spectacle de danse de fin d'année. Je choisis celle-ci en symbole de ma pureté. J'attache mes cheveux avec un vieil élastique, de ceux que l'on utilise pour nouer les sacs. Il faut qu'il remarque tout de suite que je suis sérieuse. Les maîtres bouddhistes se promènent dans les rues, font leur marché comme tout le monde. Il est possible qu'il m'ait déjà aperçue dans le quartier : si c'était une fois où je coursais un garçon, je dois corriger cette mauvaise impression.

Dès que le soleil commence à percer à travers les nuages, je passe le pas de notre porte. J'entends déjà les bruits des gongs et les chants qui s'échappent de l'enceinte du couvent. J'ai l'impression que tous mes sens sont décuplés. Je pourrais encore décrire chaque caillou du chemin. Comme dans un rêve, je passe sous l'immense porte rouge et dorée, ornée de peintures représentant des déités du panthéon bouddhiste. C'est la millième fois que je traverse cette entrée et c'est la première en même temps. Je demande à un moinillon où je peux trouver Jamgon Kongtrul Rinpoché, le fameux maître dont ma mère m'a parlé. Je ne sais pas si elle le connaît personnellement, mais une chose est sûre : sa bonne réputation est parvenue jusqu'à ses oreilles. Sans un mot, il me désigne du doigt le bâtiment principal. Le cœur battant, je m'y dirige, ôte mes chaussures, comme le veut la tradition, longe le long couloir, et aspire une grande goulée d'air avant de pousser la porte de la salle de prière. Il est là, tout au fond, son assistant à ses côtés, assis sur un tapis. Il tient dans la main un *mala* de cristal, le rosaire tibétain qui sert à compter les mantras, et égrène les boules l'une après l'autre. Ses lèvres bougent à peine, mais ses joues se gonflent régulièrement, comme s'il mâchait quelque chose. Dans la pièce, une dizaine d'hommes et de femmes semblent attendre, debout ou assis sur leurs talons. Eux aussi ont demandé une audience à Jamgon Kongtrul Rinpoché. Je soupire : je vais devoir attendre longtemps alors que je brûle d'impatience. Je m'agenouille à l'écart. Lorsqu'il sera prêt, il me verra.

Je vois que le maître me regarde, intrigué. Il chuchote à l'oreille de son voisin, qui me fixe et me fait signe de m'approcher, agitant son doigt comme un crochet pour m'attirer vers lui. Je m'avance en m'inclinant trois fois, comme c'est la tradition pour montrer son respect. Je m'agenouille devant Jamgon Kongtrul Rinpoché. La tête baissée, je lui tends le *khata* que j'ai préparé. C'est une écharpe blanche en soie que l'on présente en la tenant étendue entre les mains, les paumes ouvertes vers le ciel. On l'offre en signe de bienvenue. Cela symbolise la pureté, et surtout le respect. Au bout d'une minute, je relève la tête. Je ne peux pas m'empêcher de le trouver beau, avec ses petites lunettes cerclées de métal, ses yeux aussi bridés que ceux d'un Chinois, sa peau si lisse et parfaite, ses grandes mains aux longs doigts, sa belle chemise en soie safran. Il se dégage de lui une impression d'extrême douceur et de propreté. Il doit avoir dans les trente ans, pas plus.

— Qui es-tu, petite ? Tu es bien jeune pour venir me voir ainsi, toute seule. Que veux-tu ?

Il a l'air gentil. Je me sens extrêmement importante, même si je suis impressionnée. Tout à coup, j'oublie tout : les formules de politesse, les hommages. J'aimerais enrober ma requête de jolies phrases, mais une seule sort de ma bouche, comme une urgence. Autant aller directement à l'essentiel.

— Je veux devenir nonne !

Ma voix ne tremble pas. C'est une affirmation. Jamgon Kongtrul Rinpoché me regarde en souriant et jette un œil à son assistant. On dirait que quelqu'un vient de leur raconter une blague, et je lutte pour ne pas me retourner et vérifier qu'un enfant n'est pas derrière moi en train de faire des grimaces. Accroupie à ses pieds, je remarque que ses sandales en cuir sont neuves. Je suis sûre qu'il les porte pour la première fois. Un ancien du quartier, devenu riche, a dû les lui offrir lors de sa dernière visite. J'aime que lui aussi étrenne quelque chose ce jour-là.

— Vraiment, je veux devenir nonne !

J'ai l'air convaincue, et je sens qu'ils s'en rendent compte. Comme dans un rêve, il fouille derrière lui, ouvre un petit sac de coton rouge, et saisit une paire de ciseaux argentés. Il se penche vers moi et, tout simplement, me coupe une mèche de cheveux. Je sais que cela symbolise le renoncement auquel se soumettent les religieux. Moi, je n'ai pas le sentiment de renoncer, mais au contraire, de me jeter enfin dans la vie. Je reste sans voix, émue. Le maître se renfonce contre le mur, ferme les yeux et commence à réciter des prières. Après une très courte cérémonie, il me fait signe de laisser la place libre.

— Tu t'appelles maintenant Karma Chöying Drolma.

Je m'éloigne en reculant, la tête baissée, pour

que mes yeux ne trahissent pas l'immense fierté qui m'envahit. Dehors, sur le perron du monastère, je respire enfin. Ça y est ! J'ai « pris refuge ». C'est fait. Quoi qu'il arrive désormais, je suis considérée comme une nonne. Je suis hors d'atteinte, la bêtise et la haine des hommes ne peuvent plus me toucher. Je suis devenue religieuse pour ne jamais être une épouse, par pragmatisme et instinct de survie. Je suis devenue nonne pour me libérer de ma souffrance.

J'apprendrai plus tard que telle est l'essence même du bouddhisme. Jusqu'alors, la religion n'occupait que peu de place dans ma vie. Comme tous les enfants de mon quartier, je baigne dans la culture bouddhiste et j'ai été élevée suivant certains préceptes : ne pas tuer, ne pas mentir, ne pas voler... Je respecte la tradition, sans vraiment y réfléchir. J'accomplis les gestes religieux par réflexe. À dix ans, je ne rêve pas du bouddhisme mais de liberté. Et ce sont bien les enseignements de Bouddha qui m'ont rendue libre.

Je rentre à la maison en gambadant, gonflée par la joie, la fierté et le soulagement. Je suis excitée comme jamais.

— Je suis une nonne, je suis une nonne ! Vous ne pouvez pas me garder ici, vous devez m'envoyer au couvent ! Je pars !

Mes parents me regardent sans comprendre. Je suis en train de rassembler quelques affaires. Je n'ai pas besoin de grand-chose : mes vieux vêtements peuvent bien aller à la poubelle, je vais désormais devoir porter des robes drapées brunes, rouges ou orange, les seules couleurs qui me sont autorisées en tant que religieuse. Je veux prendre quelques photos de grands maîtres auxquelles je tiens, quelques vêtements, un petit réveil de voyage vert que mon père m'avait donné un jour, l'un des rares cadeaux qu'il m'ait jamais faits. Je n'ai besoin de rien d'autre. Enfin, je vis.

Ma mère sourit, et mon père aussi. Ils ont l'air contents. Chez les bouddhistes, avoir un membre de la famille qui choisit d'entrer dans une vie spirituelle est toujours positif : cette bonne action rejaillit sur tous ses parents. Mon demi-frère, celui que mon père a eu de sa première femme, est aussi moine, en Inde, et mon père en est très fier. Je vais enfin lui donner une raison d'être content de moi. Il se dirige vers mon lit et pose sa main sur mon bras. Doucement. Quelque chose dans son regard, que je connais si bien, le trahit. Je pressens que tout ne va pas se passer comme dans mes rêves.

— C'est une bonne nouvelle, Pomo, et nous allons tout faire pour que tu ailles au couvent. Mais tu vas devoir attendre un peu.

J'en étais sûre… Évidemment, il n'allait pas me laisser partir si facilement. J'ai attendu, en effet. Trois ans. Trois longues années pendant lesquelles, comme une obsession, je ne pensais qu'à ma liberté. Dans ma tête, j'étais déjà ailleurs. Au quotidien, la chose était bien plus compliquée. Mon père avait encore besoin de moi à la maison. Qui d'autre allait aider ma mère ? Certainement pas mes frères. J'étais bien trop utile pour qu'il me laisse filer comme ça. Le même dialogue revenait tous les jours :

— Quand est-ce que tu me laisses partir ?

— Bientôt, bientôt...

Comme le lait frémissant sur le feu, je bous intérieurement. Et je finis par déborder. Un matin, je décide qu'il me faut agir. Comme tous les autres jours, je nourris mes frères, je fais le petit déjeuner, je prépare une Thermos de thé pour les invités éventuels, et j'emporte un peu de nourriture, quelques morceaux de pain. J'hésite et je décide de prendre aussi un châle de ma mère, son préféré, blanc avec des broderies, en laine. Et je m'enfuis. Mon père m'a injustement corrigée la veille et je me souviens d'avoir pensé : « Ça suffit. » Ça suffit, c'est tout. J'ai décidé d'aller à Nagi Gompa, le couvent où je suis attendue. Deux ans auparavant, je devais avoir onze ans, un membre de ma famille m'a présentée à un maître très respecté, nommé Tulku Urgyen Rinpoché. Il dirige plusieurs monastères, l'un à Nagi Gompa, dans la montagne, l'autre dans notre quartier de Bodnath. C'est là que je l'ai vu pour la première fois. Il était assis sur son lit de prières en train de méditer. Il m'avait simplement bénie, en me touchant la tête de ses mains. J'avais ressenti, sans qu'il ait besoin de parler, tant de compassion dans son regard, tant de bonté dans ses manières, que j'avais éprouvé immédiatement une joie immense. Il avait lancé à mon père :

— Amenez-la quand vous voulez, nous l'attendons...

Depuis, je ne cesse de penser à lui. Plusieurs fois, la nuit, j'ai fait un rêve étonnamment intense : je me promène dans le quartier et, soudainement, mon attention est attirée par un vacarme inhabituel. Je lève les yeux : c'est Tulku Urgyen Rinpoché en hélicoptère, qui vient me chercher pour m'emmener au couvent ! Oui, dès que je l'ai vu, il m'est apparu comme mon sauveur. Alors, ce jour-là, comme une évidence, c'est vers lui que je me tourne, lui que je décide, enfin, d'aller rejoindre. Le couvent est situé sur le mont Shivapuri au nord de Katmandou, à quatre, peut-être cinq heures de marche. Voilà tout ce que je sais. Qu'importe ! Je pars quand même. Je sors de ma rue, de mon quartier, des champs alentour dans lesquels j'ai l'habitude de jouer. Le soleil brille déjà haut dans le ciel, il fait chaud. L'astre me permet de me guider. Je dois aller vers le nord. Je suis sur un chemin bordé de fossés sales et boueux. Il n'y a plus de maisons. Je ne me suis jamais risquée aussi loin de chez moi. Je prends conscience que je ne suis quasiment jamais sortie de Bodnath. Je ne connais pas le monde. Tout à coup, je m'aperçois que je tremble de peur. Je ne sais pas du tout où je suis. Je pourrais insister, attendre de croiser quelqu'un capable de m'indiquer la route de Nagi Gompa. Mais je rebrousse chemin. Je ne parle de cette fugue à personne, même pas à ma mère, parce qu'elle a échoué. Malgré ma détermination, malgré l'horreur que m'inspirait mon quotidien, j'ai reculé au moment de sauter. J'ai marché une heure, et puis j'ai abandonné. L'inconnu fait parfois plus peur que l'enfer.

Lorsque je reviens, personne ne semble avoir remarqué mon absence. Moi qui ai été tant de fois corrigée pour m'être aventurée à deux rues de chez moi, je rentre de fugue et ne subis aucune remontrance. Mais le ver est dans le fruit. À partir de ce moment, lorsque mon père me frappe, je ne sens quasiment plus les coups. Je me dis : « Frappe, frappe, demain, je ne serai plus là. » Mon père pourrait me tuer, j'irais quand même au couvent... Je commence à lever le pied sur tout et entre dans une forme de résistance passive. Je suis butée comme un âne. Je regarde mon père droit dans les yeux et laisse exprès un temps de latence entre ses ordres et leur exécution. Je reste calme, toujours. Il sent que je suis incroyablement sûre de moi. Officiellement, j'ai pris refuge auprès du maître du couvent, et je me suis débrouillée pour que tout le quartier le sache. Je suis toujours sa fille, bien sûr, et, légalement, il garde autorité sur moi. Mais je suis une nonne en devenir, donc éminemment respectable. Il ne s'aventurerait pas à m'empêcher de devenir religieuse. Ce ne serait dans l'intérêt de personne, surtout pas le sien. Lui aussi y gagne : pour un père, avoir une fille religieuse est un honneur, une façon d'améliorer son karma. Je suis donc protégée. Et je ne peux plus revenir en arrière.

4

Échappée belle

Ma vie change un vendredi, le jour du linge. Ce matin-là, je pars à la fontaine avec un gros baluchon, et je nettoie les vêtements de toute la famille, des heures durant. Accroupie, les bras douloureux à force d'être tendus, les mains rougies par le mauvais savon et l'eau froide, je frotte la chemise grise de mon père. Pendant la lessive, je révise mes leçons en les récitant dans ma tête. Je suis une des rares à aller à l'école. Mon père m'y envoie parce qu'un de ses cousins, venu d'Inde, lui a dit que c'était important. Et bizarrement, il l'a écouté. Il paie quarante roupies par mois pour m'inscrire au petit établissement du quartier. Ce n'est pas bien cher, et je n'apprends pas grand-chose, mais je sais lire, compter, je baragouine trois mots d'anglais et me débrouille en népali. J'en sais plus que n'en sauront jamais mes parents. Surtout, je suis très bonne en classe, au point que mon professeur m'a fait sauter deux niveaux la première année et que je l'ai déjà entendu dire à mon père que si je continuais comme ça, on pourrait peut-être m'envoyer à l'université en Amérique ! Pourtant, à la maison, je ne peux jamais faire mes devoirs : trop de travail, pas assez de place. Alors, le plus souvent possible, je me lève encore plus tôt le matin, lorsque ma mère s'affaire déjà en cuisine, je m'acquitte de mes tâches en silence, et m'éclipse de la maison, pour rejoindre l'école déserte, située à quelques mètres de chez nous. Quand les coqs chantent, je suis penchée sur ma table, la langue tirée, à faire mes exercices avant que les autres élèves n'arrivent. Le soir, quand, dans les ténèbres, les chiens grognent en fouillant les poubelles des maisons endormies, une fois la vaisselle finie, je tombe comme une masse dans mon lit. Je n'adore pas les cours, et souvent, je préférerais rester à la maison, mais mon instinct me souffle que cette école est l'une des rares chances que la vie m'ait données jusqu'à présent.

Je rentre à la maison, mon paquet de linge alourdi par l'eau, portant le sac sur ma hanche et non sur mon dos meurtri, strié de rayures bleu, rouge et noir, les marques des coups infligés par mon père avec son fouet de fils électriques. Avant la récréation, pour me féliciter d'un exercice de maths que j'avais bien réussi, l'instituteur est passé derrière moi et m'a donné une grande claque amicale dans le dos. J'ai cru que j'allais hurler. Instinctivement, mon bras a repoussé sa main, je me suis éloignée comme si j'étais touchée par le feu, et je lui ai lancé un regard noir, mon regard de tueur… Il n'a pas compris, et je crois qu'il s'est vexé ; il a dit que j'étais sauvage et impulsive. Il m'a disputée devant tout le monde et m'a privée de sortie. J'ai beau comprendre qu'il ne puisse pas connaître la raison de mon mouvement de recul, je suis en colère contre lui. Je ne lui ai jamais confié pourquoi, parfois, je grimace en me tortillant sur ma chaise. Personne ne me voit étouffer mes soupirs de douleur. J'aurais tant aimé que lui, si instruit, devine. Au lieu de cela, il me juge et me punit.

Si les petits du quartier me voient me déplacer ainsi, avec ma drôle de démarche, ils vont se moquer de moi… Je rentre comme ça, en fixant mcs sandales. Mes parents m'attendent à l'intérieur. Ma mère a une lueur inhabituelle dans le regard. Mon père a l'air content. Un autre homme est là, je ne l'ai jamais vu, c'est un moine qui semble très jeune, dans les vingt ans, grand, mince. Je ne peux m'empêcher de le trouver très beau.

— Pomo, je te présente Sonum Gyurmey, il est moine au monastère de ton maître, Tulku Urgyen Rinpoché. Nous avons une bonne nouvelle, ma petite. Tu vas rejoindre le couvent. Tu nous quittes, ma fille…

Mon père prend un air triste, et je regarde ma mère. Je remarque à peine les larmes qui inondent ses yeux. Trois ans que j'attends cette phrase… Trois ans que le soir, en m'endormant, je visualise la bouche de mon père en train de la prononcer. Trois ans que mentalement je prépare mes affaires, et pars. Je sais déjà tout ce que je vais emporter dans mon sac. J'ai joué tant de fois le film dans ma tête. Ça y est, nous y sommes : mon père a décidé que j'avais suffisamment servi dans la maison. Ma patience est récompensée, enfin.

— Je suis prête dans dix minutes.

Tous se mettent à rire.

— Non, Pomo, on ne part pas ce soir, Sonum Gyurmey revient dans trois jours et nous nous en irons alors.

Trois jours, après trois ans. On aurait pu penser qu'ils passeraient aussi vite qu'un clignement d'œil. Jamais le temps ne m'a paru plus paresseux. La dernière nuit, surtout, fut un calvaire.

J'ai cru que le soleil n'allait plus jamais se lever et que je serais condamnée à attendre ses premiers rayons toute ma vie. Impossible de fermer l'œil cette nuit-là. Pareil pour ma mère. Je l'entends se retourner dans son lit. Je devine qu'elle est contente pour moi et triste pour elle. Mais je suis incapable de tempérer l'euphorie qui bourdonne dans ma tête et fait frétiller mon cœur. Allongée dans le noir, je garde les yeux grands ouverts, sans bouger. Je suis heureuse comme jamais. J'ai l'impression qu'une bougie s'est allumée en moi, qu'une petite flamme douce et chaude brûle dans mon âme et me réchauffera pour toujours. Pour la première fois de ma vie, je me sens bénie.

Je flotte.

Je flotte toujours plusieurs heures après, pendant le trajet de la maison jusqu'à Nagi Gompa, à environ une heure de voiture. Je suis à l'arrière de la petite Suzuki verte de Sonum Gyurmey. C'est lui qui est chargé de faire les allers-retours entre la ville et la montagne. Mon oncle est devant, mon père, à l'arrière, à côté de moi. Ma petite valise bleue est posée entre nous sur la banquette. Je porte mes vêtements de toujours, une jupe bleue elle aussi, une chemise et des chaussettes blanches, mes sandales noires, en cuir. Ma mère est restée à la maison pour garder mes petits frères et c'est aussi bien comme cela. J'entends sa voix qui résonne en moi, ses ultimes conseils – « sois gentille avec tout le monde », « ne te fais pas remarquer », « obéis à ton maître »... – et je la vois, sur le pas de la porte, mes frères serrés contre ses jambes, en train de dire au revoir à la voiture qui s'éloigne.

Je suis heureuse : je vais devenir nonne, une vraie. Pas une enfant qui rêve et qui fait semblant. Oui, je flotte. J'ai la certitude d'entrer au paradis. Je grimpe vers le bonheur.

Nous passons les champs, les villages, les champs encore, les villages. Après quarante minutes, nous arrivons face à Shivapuri, l'entrée du parc national. C'est là, à mi-chemin de la colline, que se situe le couvent. Des hommes en treillis gardent l'entrée, une haute porte de pierre en forme d'arche. L'un d'entre eux s'approche du moine qui explique :

— Nous allons à Nagi Gompa. Cette jeune fille rejoint le couvent.

— Comment s'appelle-t-elle ?

— Ani Chöying Drolma !

La force de ma voix me surprend. C'est la première fois que je me présente ainsi à un étranger. Auparavant, je me suis entraînée à prononcer mon nouveau nom avec ma mère, pour avoir l'air sûre de moi et naturelle. Mon père se tourne vers moi, étonné que j'aie pris la parole. Il est fier. Je le jurerais.

L'homme me regarde à travers la vitre, il détaille mon visage et nous laisse passer. La petite voiture de

Sonum Gyurmey s'engage sur une route cabossée, pleine de pierres et de terre, qui semble avoir été creusée dans la jungle. Le moteur ne va jamais survivre à cette épreuve. Plus personne ne parle. Les soubresauts de la carrosserie malmenée sont trop importants et la tête de mon père manque de cogner le plafond plusieurs fois. À deux reprises, la voiture reste coincée dans un énorme trou de la route et mon père sort afin de pousser des pierres en râlant. Il pleut et la boue n'arrange rien. Je m'accroche à la porte et, pour la première fois, là, à moins de cent mètres du but, je sens monter la peur. Mon ventre gargouille bruyamment. Je ne pensais pas que Nagi Gompa était aussi perdu. Mon père remonte dans la voiture en frottant sa chemise pleine de pluie et il me regarde en souriant. Est-ce la crainte de l'inconnu ? La surprise face à cet environnement magnifique, mais hostile ? Je lui rends son sourire en pensant qu'il n'est pas si mauvais que cela. Je ne sais rien de ce qui m'attend là-bas.

Durant toutes ces années de souffrances, j'ai appris à me méfier. Je sais que le monde est dur. Et si je quittais un enfer pour en découvrir un autre, inconnu celui-là ? Si je rejoignais un univers rude, où je me retrouverais totalement solitaire, sans même la poitrine rassurante de ma mère où appuyer mon front, et les bras rebondis de mes frères, où pleurer en silence ? Mon questionnement n'est que de courte durée. Quoi qu'il arrive, je saurai me défendre. Surtout, je serai affranchie du danger paternel. Et puis, tout vaut mieux que la maison. Depuis l'âge de neuf ans, j'ai compris que parce que j'étais une fille, je serais toujours destinée à travailler pour la famille, et que mes frères, eux, en seraient éternellement dispensés. Depuis mes dix ans, je sais que si je me marie, je deviendrai une esclave domestique. Je me méfie des hommes. Je ne suis même pas encore une femme, que déjà, je me rebelle contre la domination masculine. Une fois nonne, ces problèmes-là seront réglés, car je sais que l'homme quc jc m'apprête à rejoindre éprouve un total respect pour les femmes. Tulku Urgyen Rinpoché est différent des autres. Je l'ai senti dès que je l'ai vu la première fois, voilà deux ans. À la sortie de son monastère, nous avions échangé quelques mots avec une jeune nonne à son service. Elle nous avait confié que son maître prodiguait aux femmes des enseignements d'ordinaire réservés aux hommes, comme le *Chö*, une pratique tantrique qui permet de dépasser les émotions douloureuses telles que la peur et la haine. Je l'avais écoutée parler avec stupeur. Si j'avais eu une déesse en face de moi, je ne l'aurais pas dévisagée différemment.

La Jeep s'arrête enfin. Après une heure de cahotages, ma tête et mes idées sont à l'envers. Une pluie serrée tombe sur nos épaules, pendant que nous escaladons les marches qui mènent au couvent. Mon père et mon oncle sont déjà essoufflés. Je regarde leur dos voûté sous l'effort, j'écoute leur respiration haletante. Ils sont vieux. J'ai la vie devant moi. À treize ans, je vais enfin devenir libre. Intérieurement, je polis ma liberté toute nouvelle, ce sentiment que je n'ai encore jamais éprouvé et qui m'a tant manqué. Là, c'est le test pour de bon. Ma valise me semble peser moins qu'une plume, je pourrais grimper quatre à quatre ces marches irrégulières, mais je me retiens. Je dois donner l'impression d'être calme, sage, douce. Que l'illusion dure au moins ce premier jour… Nous passons devant quelques baraquements gris, tout en longueur, de type militaire, faits en boue et ornés de toits de paille.

Nous grimpons encore. Le couvent se profile enfin. Je prends une grande respiration, et je saute sur la dernière marche.

Trois bâtiments sont érigés sur un terre-plein sur lequel on a planté de l'herbe. Des petits chemins de pierres bien nets mènent d'une construction à une autre. Au centre, j'imagine qu'il s'agit du bâtiment principal, celui où doivent se dérouler les cérémonies les plus importantes. Son toit est plat, et l'ensemble très harmonieux. Deux colonnes peintes encadrent la porte d'entrée, sculptée, à laquelle on accède par une volée de marches. Une jeune nonne emmitouflée dans un manteau matelassé bordeaux vient à notre rencontre dans un grand sourire. Elle n'a pas l'air beaucoup plus vieille que moi.

— Je suis Ani Gyanatara. Bienvenue, Ani Chöying Drolma. Suivez-moi, je vais vous faire faire la visite. Chöying, laisse ta valise, on ne va pas te la voler ici !

Ani Gyanatara me montre le dernier niveau du bâtiment principal. C'est là que vit Tulku Urgyen Rinpoché, dans cette toute petite pièce comme posée sur le toit. À droite, un peu en retrait, se dresse l'immeuble où sont accueillis les hôtes de passage et où se réunissent les nonnes pour se retrouver et rompre leur solitude. Une centaine d'entre elles vivent ici, dans de minuscules maisons individuelles construites en enfilade dans les baraquements que nous avons vus en arrivant. Au rez-de-chaussée, une pièce unique, peut-être six mètres carrés. À droite, un escalier en bois monte dans la soupente qui abrite une cuisine rudimentaire. Tout le monde doit acheter sa propre nourriture et les repas ne se prennent pas en commun, sauf durant les périodes de fêtes. J'apprendrai vite qu'ici non plus, les riches et les pauvres ne vivent pas de la même façon.

— Mais toi, tu n'habiteras pas là, tu es une des aides de notre professeur.

Première nouvelle. Je ne sais pas ce que cela veut dire, ni en quoi je vais bien pouvoir l'aider, mais cela me fait plaisir tout de même. Tant que je ne dois pas nettoyer ses chemises... Ani Gyanatara se retourne et pointe du doigt vers l'horizon. Nous nous approchons. À perte de vue, presque à 180°, s'étend toute la vallée de Katmandou, sagement blottie à nos pieds. D'ici, aucun bruit, pas de poussière, pas de cris, pas d'accidents, pas de misère. Juste la beauté des collines adossées aux champs, des villages où commencent à s'allumer quelques lueurs, les taches plus sombres de la forêt, et au loin, la grande ville. C'est comme voir la vie au cinéma : tout y semble vrai, mais rien ne peut être vraiment grave. Je me sens bien, tout simplement. Un vent léger souffle dans mes oreilles et j'entends les bruissements de la jungle, au loin. Je sais qu'ici je vais être en sécurité. Comme si cet endroit perché, si beau et si calme, m'avait attendue durant toutes ces années de tourmente. Je viens d'arriver, mais je sais que j'appartiens déjà à Nagi Gompa.

Je sens un picotement sur ma nuque. Le regard de mon père fixé sur moi. Depuis quelques minutes, il ne dit plus rien. Il fixe la jeune nonne d'un air respectueux. Ses yeux vont d'elle à moi, inquiets. On dirait qu'il veut parler, mais aucun son ne sort de sa bouche. Je sais qu'il a toujours su que je ne lui appartenais pas et que les coups n'y changeraient rien. Il est content pour moi. Entrer ici est une chance.

La jeune nonne nous conduit d'un pas vif dans plusieurs pièces, jusqu'à ce que nous arrivions dans une grande cuisine dans laquelle brûle un grand feu de bois. Une autre nonne, corpulente et souriante, est en train de s'affairer. On dirait qu'elle prépare une soupe. J'en sens le fumet qui vient chatouiller mon nez. J'ai faim, tout à coup. C'est que mon estomac noué ne m'a pas permis de petit-déjeuner ce matin avant de partir.

— Je vous laisse avec Ani Tara, je vais prévenir le maître de votre arrivée.

Un thé brûlant et parfumé nous est servi. Nous restons au milieu de la pièce, mon oncle, mon père et moi, maladroits. Mon père se balance d'un pied sur l'autre en regardant tout autour de lui, pas très à l'aise. Je me contente d'attendre. Ani Gyanatara revient au bout de dix minutes. Dans l'encadrement de la porte, sans entrer dans la cuisine, elle nous fait signe de la suivre. Nous montons plusieurs étages d'un escalier en ciment, je reste concentrée sur le bas de la robe de notre guide, juste devant moi, dont les pans frottent le sol en un balayage soyeux, marche après marche. J'ai hâte et peur en même temps. Nous pénétrons dans une vaste pièce ornée de colonnes peintes en rouge et ocre, au sol recouvert d'épais tapis multicolores. Une sorte de baie vitrée offre une vue imprenable sur la vallée. Quelques fleurs négligemment arrangées dans des vases, une pendule au mur, un lit rudimentaire dans l'angle gauche : tout est à la fois simple et harmonieux. Mon maître est assis au fond, en position de méditation, les jambes croisées devant lui, les paumes posées sur ses genoux ouverts. Nous nous approchons en nous prosternant trois fois, comme le veut la tradition. J'ai l'impression d'être enfin arrivée à bon port, comme si j'avais toujours appartenu à cet endroit et en avais été éloignée par quelque erreur temporaire. Mon père tend au maître une petite statue en bronze qu'il a confectionnée spécialement pour lui. Tulku Urgyen Rinpoché lui adresse un sourire, et se tourne vers moi. Aucun son ne sort de sa bouche, mais je lis dans ses yeux tous les « bienvenue » du monde. Bien-venue. Oui, littéralement, je sais que je suis bien venue ici. Je ne rêve plus. J'étais attendue depuis longtemps.

Nous procédons à une nouvelle cérémonie. Je dois « prendre refuge » une seconde fois, ici. Une fois encore, le maître se penche vers moi et me coupe une petite mèche. J'incline ma tête vers lui, et remarque les quelques petits cheveux qui tourbillonnent doucement avant de se poser, minuscules et invisibles, dans les dessins du tapis.

— Tu t'appelles maintenant Ani Chöying Drolma.

Ani signifie « sœur » en tibétain. Je me sens délestée d'un poids immense, comme si, durant toutes ces années, j'avais accumulé des pierres faites d'attente et d'incertitude dans une besace qui m'attirait vers le fond. Le lien est coupé. Je respire. Je revis. Je vais m'élever. Je suis tellement excitée que le reste de la cérémonie se poursuit sans que j'en profite réellement. Trop d'émotions. Une autre nonne, dont j'apprendrai plus tard qu'elle se nomme Ani Anga, approche une robe, ma première robe de nonne, en toile de coton bordeaux. Après que Tulku Urgyen Rinpoché l'a bénie, on m'emmène en bas, laissant mon père et mon oncle à l'étage. Il faut me raser la tête.

Je me fais de nouveau guider jusque dans le petit jardin d'une des nonnes. La vallée s'étend à mes pieds, recouverte de gros nuages gris et brillants, comme un lac légèrement mouvant. Il bruine. Je suis assise sur une chaise, entourée de quatre nonnes, debout en cercle autour de moi. Ani Anga mène les opérations, elle tient une grande paire de ciseaux le long de sa cuisse. Les autres me regardent d'abord sans un mot. Et puis se mettent à parler de concert, à me poser toutes sortes de questions, en continuant de s'activer. La première me lave le crâne avec un blaireau et du savon et fait mousser le tout, en frottant rapidement. Une autre se met à me couper les cheveux, que je porte à peine plus bas que les oreilles. Une troisième s'approche avec un rasoir et, en commençant par le front et en descendant jusqu'à la nuque, me rase la tête. C'est alors que je découvre le poids des gouttes de pluie tombant sur mon crâne nu. Floc, floc, floc... Elles sont minuscules, et pourtant, sur mon crâne fraîchement rasé, elles tombent comme des petits grelots. Cela me plaît. Je suis si fière que je garde les yeux fermés, de peur que les nonnes ne voient la trop grande joie qui m'étreint. La dernière me sèche la tête avec une serviette et enlève le surplus de mousse. L'opération a duré moins de cinq minutes. Cinq minutes pour devenir une nonne, une vraie ! L'air frais sur ma tête me procure une sensation inédite, comme si mon cerveau était en contact direct avec la nature. Je me sens libérée et légère, sans entraves d'aucune sorte. Libre.

Je me lève, on me déshabille comme une poupée. Je me laisse faire, aux anges. Tout cela est encore plus agréable que ce que j'avais imaginé. Pour une des rares fois de ma vie, je suis prise en main, et j'apprécie d'être enfin guidée. Ani Anga, avec une expertise qui trahit ses longues années passées au couvent, me fait enfiler la robe. Il s'agit d'une sorte de grand tube très large, qu'il convient de nouer afin que les pliures tombent parfaitement sur l'arrière, un peu comme une enveloppe. Elle fait passer et repasser les pans, rapidement, et me voilà ficelée, sans avoir eu le temps de comprendre comment.

— Allez, viens, allons présenter la nouvelle Ani à notre maître !

Il s'est peut-être écoulé trente minutes, guère plus, entre le moment où j'ai quitté la salle du dernier étage et maintenant. Mais pour moi, durant ce laps de temps, c'est une vie qui s'est achevée, et une autre qui a commencé. Une renaissance. Comme lorsqu'une chenille devient papillon : je me suis débarrassée de mes vieux oripeaux, et j'ai endossé une nouvelle peau. Celle qui se présente trente minutes après devant son maître, son oncle et son père ne s'appelle plus Pomo. Mon père le comprend dès qu'il me voit poser un pied dans la pièce. Il ouvre de grands yeux étonnés, me fixe avec respect. Tout le monde a les yeux braqués sur moi lorsque je m'avance vers mon maître, je sens ces regards qui me détaillent et j'en tire un vif plaisir : j'entre dans un nouveau monde.

Mon maître me jette un regard plein d'amour et se tourne vers mon père :

— Bienvenue à Ani Chöying ! Soyez sûr que nous prendrons bien soin d'elle, tout va bien se passer ici. Vous pouvez partir l'esprit tranquille...

Mon père prend cela comme une invitation à nous quitter. Le soir tombe. Il se relève, époussette son costume qui n'en a nul besoin en un geste un peu gêné. Tout est dit.

— Pomo... Euh, Chöying... J'y vais.

— Très bien. Au revoir.

Et il part, Ani Anga sur ses talons. Qu'ai-je à ajouter ? Au fond de moi, je suis contente qu'il s'en aille. Je vois son grand dos qui s'éloigne, il domine mon oncle d'au moins deux têtes. Pourtant, en cet instant, le dos courbé et la tête basse, il a l'air singulièrement petit.

Ani Tara m'entraîne déjà.

— Viens, je vais te montrer ta chambre, elle n'est pas très loin de la mienne.

La chambre que l'on m'a réservée est minuscule.

Elle se situe juste au-dessus de la cuisine où nous sommes d'abord arrivés, presque en mezzanine, en haut de quelques marches. Je l'aime immédiatement. Je trouve qu'elle a mes proportions, sa porte est à peine plus grande qu'une fenêtre. Surtout, elle se situe dans le centre névralgique du couvent, à côté de la réserve de bois, tout près de la cheminée, là où les nonnes papotent en préparant les repas. Je n'aurais pas aimé être isolée.

Le reste passe à toute vitesse, nous dînons, parlons quelque temps, et, soudain, la cuisine se vide. Chacun a rejoint sa chambre. Avant de s'engouffrer chez elle, Ani Tara me salue, m'aide à monter ma valise. Elle m'a promis de repasser me voir et je l'ai attendue. Mais elle n'a pas tenu parole. J'ai longtemps patienté, sans oser ranger mes quelques affaires, surtout mes livres de classe, des photos de grands maîtres spirituels, une brassée de vêtements rouges, orange et bruns, achetés au supermarché de Bodnath avec mes parents, quelques semaines avant de partir.

Je me retrouve seule, dans ce lieu inconnu. Soudain, l'air me semble plus dense qu'ailleurs. En treize ans d'existence, je n'ai quasiment jamais été seule. Toutes les nuits de ma vie, je les ai passées avec mes parents, mes frères, tous ensemble dans la même pièce. J'ai peur. À part la maison familiale, son unique pièce et ses lits posés côte à côte, je ne connais rien. Surtout, je ne suis pas habituée au silence : entre les bruits de la ville, la respiration de mes frères, les ronflements de mon père, mes nuits sont peuplées de sons familiers qui agissent sur moi comme une berceuse. Là, dans cette petite chambre sans repères, je me sens perdue. Mon cœur bat comme celui d'un animal traqué. J'ai l'impression que si je bouge, quelque chose va me sauter au cou. Je recule tout doucement jusqu'au mur, et je me laisse couler contre, pour m'accroupir au ras du sol. J'attends, les genoux serrés entre mes bras. À l'étage au-dessus, j'entends des rires. Quelqu'un court. Une porte claque. Je jette un œil dans ma chambre. Je dois me raisonner. Il n'y a que des nonnes ici. Je viens de quitter un endroit qui effraierait sans doute bien des gens. Celui que je rejoins, au contraire, est un havre de paix. Tout va bien se passer, j'en suis sûre. Dans la pénombre, je distingue le lit, l'étagère. Rien d'autre. « Ta chambre », a dit Ani Tara. Ici, ce sera chez moi. Pour la première fois de ma vie, à treize ans, on m'offre un lieu pour moi. Dans un soupir, j'expire tout l'air que je maintenais dans mon ventre. Je peux souffler. Je me glisse jusqu'à mon lit, rabats les couvertures. Elles me semblent douces. Je souris. La vie commence aujourd'hui.

5

Renaissance

J'ai à peine fermé l'œil cette nuit. Trop d'émotions, trop de silence. Mais, vers 6 heures du matin, j'émerge en sursaut d'un coma cotonneux en entendant des bruits de casseroles en métal s'entrechoquant violemment dans la cuisine. Mon regard se pose, étonné, sur la chambre, et, l'espace d'un clignement d'œil, je me demande où je suis. Bang ! Un grand coup résonne contre ma porte, et la petite tête d'Ani Tara se glisse à travers l'embrasure :

— Mais dépêche-toi, qu'est-ce que tu fais, tu n'es pas encore prête ?

Sans même savoir de quoi elle parle, je saute de mon lit, et je tente d'enfiler ma nouvelle robe. Dans ma précipitation, je ne distingue plus le haut du bas, je me glisse dans le large tube, et tente maladroitement de nouer les pans avants. J'avais tant rêvé au jour où je la passerais pour de bon, j'avais imaginé un rituel mystique qui marquerait enfin mon passage dans la vie de nonne… Au lieu de cela, sans même y penser, je la noue le plus rapidement possible autour de ma taille, comme un vulgaire drap.

— Mais comment tu es habillée ! Viens là...

Ani Tara m'emmaillote d'une main experte, passe devant, derrière, me fait pivoter, ajuste les rabats, tire sur le devant. Je suis prête. Il me faudra plusieurs semaines pour acquérir la même adresse.

— Allez, viens ! Aujourd'hui, c'est une journée particulière, il y a une grande cérémonie rituelle.

Voilà pourquoi tout le monde s'agite ce matin-là... Ces fêtes sont organisées selon le calendrier lunaire. Elles ont lieu cinq fois par mois, le 8, le 10, le 15 – soirs de pleine lune –, le 25 et le 30 – pour la nouvelle lune. Je suis très impatiente d'y participer enfin, moi aussi. Quand je sors sur le terre-plein central, j'assiste à un ballet ocre et rouge où les nonnes s'agitent en tous sens. Les sœurs avancent d'un pas pressé, en riant et en se racontant des histoires dont je ne saisis que quelques mots, au passage. Ani Tara a disparu je ne sais où, j'ai dû avoir un moment d'inattention. Je décide d'organiser ma propre visite des lieux. Je passe la matinée à courir à droite, à gauche, explorant la cuisine, où des nonnes préparent des *momos* et du riz aux légumes ; jetant un œil dans la salle de prière, où d'autres changent les fleurs et disposent les coussins au sol ; espionnant, l'air de rien, dans les couloirs de l'étage, pour voir, à travers les portes entrebâillées, l'organisation des chambres de mes compagnes. Tout le monde s'agite et je suis parfaitement inutile. Je me retrouve plus d'une fois dans les jambes de l'une ou de l'autre. Elles me poussent alors doucement, comme un petit chien encombrant qu'on ne veut pas malmener. Visiblement, je suis la plus jeune. Il règne beaucoup de joie dans toute cette agitation, et, à part moi, chacun connaît parfaitement son rôle.

Vers midi, je me retrouve dans la salle de détente, là où tout le monde a l'habitude de se rassembler. Je me pose enfin dans un fauteuil, l'esprit fatigué de toutes ces découvertes. Je ne m'en aperçois pas immédiatement, mais je suis quasiment seule dans la pièce. Tout à coup, un gong résonne fortement. Le bruit vient de la salle de prière. Plusieurs coups sourds d'affilée. Une vieille nonne me regarde, elle est sur le pas de la porte et s'apprête à sortir. Elle se retourne à demi vers moi, compatissante.

— Allez, ne reste pas là, suis-moi, ça commence.

Sans poser de question, je dévale les marches à sa suite, traverse la cour et entre dans la salle de prière. Elle est pleine. À droite et à gauche, la centaine de nonnes du couvent sont réunies, la plupart assises par terre, en rang. D'autres se tiennent debout, contre le mur. La pièce bruit de leurs murmures. Je m'étonne de l'absence de Tulku Urgyen Rinpoché. Sans doute est-il retenu ailleurs. Qu'importe ! En me prosternant trois fois, comme toutes le font, je m'avance dans le hall : je compte bien profiter du spectacle. Je repère une place assise, dans les tout premiers rangs. Je surprends le regard d'une vieille nonne, qui m'adresse un gentil sourire. Je ne le sais pas encore, mais c'est elle qui conduit les chants. Sans réfléchir, je me glisse jusqu'à elle et m'assois à ses côtés. Elle me regarde, et mon enthousiasme m'empêche de lire la surprise dans son regard. Je n'y vois que de la bonté. Plusieurs têtes se tournent vers moi, les conversations cessent. Je me décide à adresser la parole à ma voisine, le plus naturellement du monde.

— Comment t'appelles-tu ?

— Ani Dharmasoba...

— Ça ne te dérange pas, si je m'assois ici ?

Ani Dharmasoba, si aimable qu'elle paraisse, ne me répond pas. Elle détourne la tête, semble gênée, mais continue de sourire. Je ne connais rien aux mœurs monastiques, et mon éducation ne m'a en rien préparée à deviner les interdits que cachent parfois les silences. Je prends son absence de réponse pour un « oui ». Erreur. Je sens qu'on me tape énergiquement sur l'épaule.

— Hé toi, là ! Pousse-toi, ta place n'est pas ici !

Je me retourne, interloquée. Une nonne aux traits étrangement crispés me fait face. Elle n'est pas réellement laide, mais a l'air si mauvaise qu'elle m'est aussitôt antipathique. D'une voix dure, elle reprend :

— Tu ne peux pas t'asseoir là, cette place est réservée pour les anciennes... Va-t'en !

Cette femme doit avoir l'âge de ma mère. Elle se lève et saisit mon bras, pour me tirer hors de mon rang. Elle grommelle des mots que je ne comprends pas et, sans réfléchir, je lui résiste. Elle arbore un air tellement supérieur qu'automatiquement j'ai envie de la défier. Je suis bien là où je suis. Elle tire plus fort. Notre manège silencieux attire tous les regards. Certaines nonnes rient dans leurs manches, la plupart me fixent d'un œil désapprobateur.

— Va te mettre derrière, ma petite, allez va, tu verras aussi bien, je te promets...

Ani Dharmasoba est sortie de sa réserve. Je lui obéis, car je sens qu'elle ne me veut rien de mal. J'ai dû commettre un quelconque impair. Ma place est avec les jeunes et les pauvres, debout contre le mur, derrière toutes les autres. La « Méchante », comme je l'appellerai désormais, se rassoit, satisfaite. Elle va longtemps me faire payer cet affront public. Je la maudis intérieurement, quand je sens une petite main me tirer par la manche. En la voyant, je devine que je viens de me faire une amie. Cette nonne doit avoir environ un an de plus que moi, la même taille mais plus rondelette. Ani Dikhi vit ici depuis des années. Sa mère est nonne elle aussi – elle a eu Dikhi dans une vie antérieure, avant de divorcer de son mari et de devenir religieuse. Elle m'adresse un clin d'œil complice et me conseille de me taire en posant son index sur sa bouche : la cérémonie va commencer.

Durant plus de deux heures, les nonnes récitent des mantras, interprètent des chants sacrés, rythmés par les sons de trompettes, de cymbales, de cloches, et de toutes sortes d'instruments traditionnels religieux, que je ne connais pas encore. Je suis émue, fascinée même par cette ambiance de recueillement, enivrée par l'odeur de l'encens qui emplit toute la pièce, en même temps que par les voix des nonnes. Cela ne m'empêche pourtant pas de dévisager tout le monde, avide de comprendre qui est qui, de deviner qui sera mon amie, de qui je devrai me méfier, qui me fera rire et qui aimera jouer avec moi.

Lorsque la cérémonie s'achève, chacune regagne sa petite chambre, dans les baraquements de l'entrée. Je vois Dikhi qui s'éloigne, elle me regarde en papotant avec une autre nonne, et je jurerais qu'elles médisent de moi. C'est ma première apparition, et non seulement je me suis déjà fait remarquer, mais je me suis attiré l'inimitié d'une des nonnes les plus influentes du couvent. Pourtant, vaincre quelques démons ne me fait pas peur : rien ni personne ne pourra altérer ma joie d'être à Nagi Gompa.

Pas de cuisine, pas de ménage, pas de linge, pas de coups, pas de petits frères sur mon dos douloureux. Au bout de deux mois, je suis aussi à l'aise que si j'avais toujours vécu ici. Dikhi m'a expliqué tous les codes, m'a décrypté les comportements de chacun et signalé les erreurs à éviter. Je suis parée. Et j'arrive enfin à croire à mon bonheur. J'appartiens à la garde rapprochée de Tulku Urgyen Rinpoché : je suis l'une des cinq nonnes à son service. En fait de service, je ne fais strictement rien. Je me réveille naturellement, je me promène dans tout le couvent, je parle avec qui le veut bien, je mange, je regarde les nuages se courser mollement dans le ciel d'automne. Je respire. J'ai l'impression d'être une prisonnière en permission. J'ai régressé de façon étonnante en entrant au couvent. Même si j'ai treize ans, et que je pourrais parfaitement être déjà promise à un époux, je me comporte comme une jeune fille insouciante.

Cela me semble tellement étrange d'être si heureuse que je m'attends à chaque instant à être privée de ce bonheur et que l'on me renvoie dans le morne quotidien auquel j'appartiens. Souvent, je pense à ma mère, et je me demande comment elle s'en sort sans moi. J'aimerais lui parler, mais mes parents n'ont pas le téléphone et je ne reçois aucune nouvelle. Je ne peux chasser mon inquiétude, surtout la nuit, et cela m'empêche de trouver le sommeil.

Pourtant, j'ai réussi à convaincre Ani Tara de dormir parfois avec moi. Je ne m'habitue toujours pas à la solitude nocturne – c'est la chose qui me perturbe le plus ici. Elle a vingt-cinq ans, et je vois bien que la perspective d'accueillir une gamine dans son lit ne l'enchante guère : elle est habituée à son intimité. Et ne craint pas du tout de dormir seule, elle ! Moi, je n'ose dire à quel point cela m'effraie, de peur que l'on ne se moque de moi et que l'on ne me trouve ridicule. C'est mon maître qui le devine, un jour que je me frotte les yeux en salle de prière. J'imagine qu'il a dû toucher un mot à Ani Tara, car un soir, elle m'appelle, avant que tout le monde n'aille se coucher.

— Chöying ! Allez viens là, va. Ce soir, tu peux rester avec moi, apporte ta couverture. Mais je te préviens, c'est exceptionnel. Tu dois apprendre à dormir toute seule, tu es grande maintenant, tu dois franchir ce cap.

Je me fais la plus petite possible, je passe la nuit quasiment sans bouger, de crainte de la déranger. Nous concluons un accord : je dois essayer de trouver le sommeil dans ma chambre, et j'ai le droit de garder des bougies allumées. Plusieurs fois, alors que je m'assoupis, j'aperçois la silhouette de ma voisine qui se glisse dans ma chambre, souffle les flammes tremblotantes et retourne dans son propre lit. Cela marche plutôt bien. Sauf les fois, nombreuses, où je finis par me faufiler sans bruit, tel un chasseur, pas après pas, pour me loger dans le mince espace laissé libre dans sa couche. Le matin, elle me gronde mollement. Je sais que mes craintes enfantines la touchent. Je finirai par m'habituer à la solitude.

La peur de m'endormir seule n'est rien à côté de celle, beaucoup plus vive, d'être renvoyée chez moi. J'ai du mal à me persuader que cette quiétude nouvelle ne me sera pas enlevée. Si quelqu'un, tout à coup, décide que les vacances n'ont que trop duré et que je dois redescendre à Katmandou ? En attendant, je profite au maximum. Ce qui est pris n'est plus à prendre. Mais je continue de sentir une sorte de menace peser sur ma tête, une épée de Damoclès dont je ne sais si elle est réelle ou imaginaire. Un matin, en revenant de la cuisine, je croise la Méchante. Je regarde mes pieds. D'ordinaire, elle évite de m'adresser la parole.

— Va voir notre maître, il t'attend, il veut te parler.

Je monte à toute vitesse en haut du bâtiment qu'il habite, saisie d'un mauvais pressentiment. Notre maître passe l'essentiel de son temps sur le toit, dans une petite pièce de moins de quatre mètres carrés. Il reste des heures à méditer, seul ou accompagné de disciples, de visiteurs étrangers aussi, qui viennent recevoir ses enseignements. À soixante-cinq ans, Tulku Urgyen Rinpoché irradie de bonté, littéralement. C'est un très grand maître de méditation, doté d'une rare sagesse et d'une immense connaissance, un véritable esprit illuminé, au sourire imperturbable. C'est pour cela que les gens prennent l'avion et traversent toute la planète pour recevoir ses enseignements et être bénis, pour le voir et l'écouter. Lui, pourtant, affiche toujours le même air simple, comme s'il n'était personne, juste le gardien des lieux, comme si tous ces gens de l'Ouest, si grands, si blancs, si propres, avaient été piqués d'un accès de folie en choisissant de le vénérer, lui. Il est l'homme le plus modeste que je connaisse. Souvent, je surprends le regard de mon maître sur moi. Je jurerais que je l'amuse. À travers ses fines lunettes, je devine des éclats dans ses pupilles.

J'entre sans frapper, après m'être déchaussée. Il est assis sur son lit, en pleine méditation, les yeux clos, seul. Ses lèvres murmurent doucement, sans que l'on puisse saisir ses paroles. Je me glisse à ses pieds, la tête baissée. Accroupie, j'essaie de me concentrer. Je crains qu'il ne me dise que mon père a exigé que je rentre à la maison. Plutôt m'enfuir... À moins que quelqu'un ne lui ait parlé de mon nouvel ami ? Il y a deux jours, un homme du village qui nous aide aux travaux domestiques est parti chercher du bois dans la forêt. En rentrant, alors qu'il buvait un thé dans la cuisine, je l'ai entendu raconter qu'il avait vu un marcassin abandonné dans les bois. Immédiatement, un désir fou est né dans mon esprit : avoir ce petit animal. Il me tiendra compagnie. Le lendemain, je parviens à convaincre Dikhi de m'accompagner. Nous l'avons trouvé au bout d'une demi-heure, apeuré, caché dans les racines d'un arbre. Je l'ai attrapé dans un châle apporté pour l'occasion, il s'est à peine débattu. La petite bête cachée sous un repli de ma robe, j'ai rejoint ma chambre, l'air de rien. Évidemment, mon secret a vite été éventé : en quelques heures, tout le monde était au courant de mon forfait, en premier lieu l'homme à tout faire, qui m'a vivement réprimandée :

— Mais tu es folle ? Tu peux aller en prison, tu sais, pour cela ! C'est un délit qui peut te valoir quinze ans d'emprisonnement.

Je ne sais pas s'il était sérieux, ou s'il voulait juste m'effrayer. Si tel était son objectif, il y est parvenu : je lui ai donné mon petit marcassin, afin qu'il le rende à la nature.

Voilà à quoi je pense, tremblante, dans la salle de prière de mon maître. Il va me punir, c'est sûr. La Méchante a dû se faire une joie de lui raconter ma bêtise. Résignée, j'attends la sentence.

— Tu médites, Chöying, n'est-ce pas ?

— Bien sûr, maître…

Je n'en peux plus de méditer. Je veux sortir, jouer dehors, courir après les chiens, regarder les oiseaux voler dans le ciel. Depuis que je suis ici, je ne tiens plus en place. Le silence s'installe de nouveau. Mais que me veut-il ?

— Certaines nonnes se plaignent de toi, sais-tu, Chöying ?

— Je suis désolée, maître, de polluer vos précieuses pensées par mon comportement…

— Elles disent que tu manques d'humilité, que tu es fière et parfois insolente. Je veux que tu leur montres plus de respect, elles le méritent. Qu'as-tu à répondre à cela ?

— Je vais faire mon maximum pour ne plus les importuner.

— Est-il vrai que tu as capturé un animal ?

— Oui…

— Tu es une nonne aujourd'hui, mon enfant, cela implique un certain type de comportement. Tu dois montrer l'exemple. Comment as-tu pu agir de la sorte ? Tu aurais pu le tuer, tu sais, l'affamer. Un bébé a besoin de sa mère. J'attends plus de gentillesse de toi…

Ainsi, on ne peut séparer un animal sauvage de sa mère ? Et moi ? Quelqu'un a-t-il pensé à la peine que j'éprouve d'être si loin de la mienne ? Mais je me tais. Car évidemment, il a raison.

— Elles trouvent aussi que tu bénéficies d'un traitement de faveur. Là, je suis coupable : elles ont raison.

— Ce n'est pas ma faute si elles sont méchantes et jalouses de moi. Je n'y peux rien !

— Ne dis pas des choses pareilles, ma petite. Tu passes, il est vrai, tes journées à lire et à t'amuser, lorsque les autres travaillent. C'est une excellente chose et je l'ai voulu ainsi. Tu as droit à ta part d'enfance, Chöying, oui, tu y as droit et je sais que jusqu'alors tu en as été privée.

Ma « part d'enfance » ? Mais de quoi parle-t-il ? Que sait-il ? Qui lui a dit ? Je ne lui ai jamais rien raconté de ma vie d'avant. Ainsi, il fait exprès de me laisser tranquille… Je pensais que j'étais passée jusque-là à travers les filets de sa surveillance.

— Je suis heureux de te voir tant profiter de ta nouvelle vie, très heureux. Et tu vas continuer encore longtemps. Mais par souci d'équité, afin de ne pas contrarier tes condisciples, je vais te donner un travail à toi aussi. Tu auras désormais la responsabilité de l'entretien de l'autel.

Je m'en sors à très bon compte. Nettoyer l'autel, ce n'est pas ça qui va me prendre des heures, ni m'empêcher de faire ce que je veux. Il faut changer l'eau, éventuellement les fleurs, épousseter l'ensemble. Rien de terrible. Je suis devenue extrêmement paresseuse, comme si toutes les tâches domestiques que j'avais accomplies jusqu'alors avaient épuisé mon capital. Maintenant que je n'ai presque plus de contraintes, je ne supporte plus le moindre joug. Des tressaillements nerveux que je ne peux réfréner agitent ma joue droite. Mon maître, qui voit tout, le remarque. Il pose sa main sur ma tête, doucement. Après quelques secondes ainsi, sa paume chaude sur mon crâne, il prend la parole.

— Calme-toi, Chöying, calme-toi… Tu as beaucoup d'énergie, c'est très bien, mais tu dois apprendre aussi à la garder en toi. Même quand tu lis, tu vas à toute vitesse, tu manges les mots et tu ne finis pas tes phrases ! Chaque chose mérite d'être faite au rythme qui lui est nécessaire. Quand je te parle, je suis entièrement avec toi. Et je le serai jusqu'à ce que nous nous soyons dit tout ce que nous devions nous dire aujourd'hui. Tu comprends ?

Comment lui expliquer le feu qui brûle en moi ? L'urgence qui me dévore de profiter de tout ? Je me tais et le regarde d'un air contrit.

— Je sais ce que tu penses. Tu crois que l'on va te renvoyer chez toi. Cela n'arrivera pas, je te le promets. Regarde-moi : tu appartiens à Nagi Gompa, désormais. Tu es chez toi. Ce couvent est ta maison.

Tu es des nôtres. Nous t'aimons. Prends le temps de te poser, désormais. Ma porte te sera toujours ouverte. Même si je suis avec des hôtes, quoi que je fasse, si tu as besoin de moi, je serai là. Toujours.

Ma gorge est serrée comme si un turban s'était enroulé autour. Je suis incapable d'articuler un mot. Personne ne m'a parlé comme ça auparavant. En fait, personne ne m'a jamais dit qu'il m'aimait. Ma mère m'aime, je le sais, mais elle ne le dit pas, de même qu'on ne remarque pas que le soleil chauffe ou que l'eau rafraîchit. Il y a trois mois, je ne représentais rien pour cet homme, et, aujourd'hui, il m'ouvre sa maison et son cœur. Il m'accorde sa confiance. Ce sage vénéré dans le monde entier s'intéresse à moi, m'apprécie, est prêt à me consacrer du temps. Je suis la plus heureuse du monde. J'ai l'impression que l'on vient de me décharger d'un énorme sac.

Me poser, oui. Cela paraît incroyable, mais tout cela semble parti pour durer.

6

Chouchoute

C'est terriblement embarrassant à dire, mais j'ai d'abord cru que j'avais une sangsue dans la culotte. En juillet, durant la mousson, il pleut tous les jours et les sangsues sont partout, visqueuses et marronnasses. Elles ne me font pas peur, c'est juste désagréable et un peu dégoûtant. Elles détestent le sel, alors nous nous aspergeons les jambes et les chevilles d'eau salée lorsque nous sortons dans la forêt, afin de les repousser. J'étais dehors, je partais chercher des œufs, quand j'ai senti quelque chose couler entre mes jambes. Ce n'était pas comme l'urine. Ça sortait de moi plus doucement. Je n'ai pas compris ce qui pouvait bien être humide ainsi, à cet endroit-là. Mais j'ai continué à descendre les marches, je suis allée frapper chez le garde qui s'occupe de l'entretien, et je suis remontée. J'étais tout de même un peu inquiète. Au couvent, nous ne parlons jamais de ce qui touche au corps, même entre amies. Ces choses-là sont vraiment très gênantes.

J'ai une vingtaine de minutes devant moi avant d'aller voir la femme de mon maître, qui m'a convoquée ce matin. Mon maître n'est pas moine, il est donc marié et a six fils, qui sont comme lui des personnalités très respectées, des lamas réincarnés. Je file dans ma chambre, jette mes sandales d'un mouvement du pied, relève ma robe, baisse ma culotte. Je suis pleine de sang. Les jambes écartées, debout, mes vêtements coincés sous les coudes, je ne sais pas quoi faire. Je reste comme ça plusieurs secondes, stupide et effrayée. Je cherche une explication. J'en trouve une. À Nagi Gompa, nous n'avons pas vraiment de toilettes. Pour la grosse commission, nous avons un endroit, en contrebas, un peu à l'écart. Mais la plupart du temps, nous avons la flemme d'y aller et partons toutes ensemble faire pipi dans des champs juste derrière le couvent. Une sangsue a dû se glisser à l'intérieur de moi ce matin, lorsque j'étais accroupie dans l'herbe trempée et je ne m'en suis pas aperçue. Je frissonne, profondément dégoûtée. Je me rhabille et c'est alors qu'entre ma cousine, Yeshi Lhamo, un modèle de douceur. D'ordinaire, elle ne vit pas avec nous, mais elle est de passage au couvent pour assister à de grandes cérémonies et à des sessions d'enseignement, auxquelles se rendent plusieurs grands maîtres réincarnés. Depuis trois mois, elle est là, et elle partage ma chambre. Elle a vingt ans et nous nous aimons beaucoup. Elle ne juge jamais personne, se tient à la disposition de tous, bienveillante.

— J'ai besoin de ton aide, j'ai une sangsue quelque part qui me suce mon sang. Je t'en supplie, enlève-la !

— Quoi ? Quelque part, où ça ? Calme-toi, de quoi parles-tu ?

— Quelque part, tu sais bien…

Je lui montre l'endroit du doigt. Son regard court de mes yeux à mon ventre, et de mon ventre à mes yeux, incrédule.

— Tu plaisantes ?

— J'ai l'air de rire ?

— Montre-moi…

Elle se mord les lèvres, le poing serré contre sa bouche. Je soulève ma robe, et lui montre ma culotte toute tachée. Elle part d'un rire que je ne lui ai jamais entendu, qui vient de loin, un rire puissant, qui commence comme un cri. Elle s'assied sur son lit, renverse la tête en arrière et s'appuie sur un coude en se tenant les côtes. C'est la première fois que je la vois rire de cette manière. Instantanément, je la déteste. Ma cousine est une idiote, je n'aurais jamais dû me confier à elle. Je m'apprête à partir, furieuse. Elle tente de parler, mais seul un gargouillis sort de sa bouche. Qu'elle s'étouffe !

Une minute après, elle fouille dans ses affaires, et en sort un linge noir qu'elle me tend.

— Chöying, ma chérie, ce qui t'arrive est normal. Ce sera pareil tous les mois. Ce n'est pas grave. Mets-toi ça là en bas, trouve-toi un autre linge, change-le tous les jours, et voilà… Tu es une femme, désormais.

Elle sourit, et je lui rends son sourire. J'avais déjà entendu parler des règles, et depuis longtemps, mais en réalité, je ne savais pas ce que cela signifiait. Ma mère ne m'avait jamais rien dit. J'avais seulement entendu une cousine l'évoquer. Nous étions très pudiques, et chacune gardait pour soi les détails liés à la vie de son corps. Avant de voir ma mère accoucher, j'étais encore persuadée que les enfants naissaient par le nombril. Cela m'avait même valu une bagarre dans la cour de l'école, avec un gamin qui affirmait que les bébés venaient par en bas et que ma mère était une menteuse... J'ai toujours éprouvé une grande timidité, moi qui suis si peu réservée, à aborder ces sujets-là. Qu'en dire, de toute façon ? Le corps est, c'est tout.

Je me sens fatiguée. Je n'aime pas avoir cette chose. En plus, la femme de mon maître, Kunsang Dechen, m'attend. Elle veut me parler, sans que je sache de quoi. Dans la matinée, alors que je sortais de la cuisine en courant, elle m'a interpellée.

— Dis-moi, Chöying, tu es poursuivie par quelqu'un ?

— Heu ! non...

Je me suis immobilisée, comme une statue, un *chapati* – une galette de pain – à la main. Zut ! À une seconde près, j'étais déjà engagée dans l'escalier.

— Je pense que depuis que tu es là, je ne t'ai jamais vue plus de dix minutes au même endroit, sans bouger. Tu cours comme une étoile filante.

— On dirait un chien affamé à qui on donne un plat de lentilles bien chaud et qui se jette dessus, quitte à s'en faire mal au ventre. Elle fait tout vite. Et mal, souvent.

Personne n'a relevé la dernière phrase de la Méchante. Les nonnes ont cessé de parler et m'observent en souriant. Elle n'en rate pas une, celle-là...

Mais ses perfidies coulent sur moi : j'ai appris à ne pas faire attention à elle. Et puis la Méchante a raison : je suis affamée en effet, affamée de vie et de tendresse, pour en avoir été trop longtemps sevrée.

— Tu viendras me voir tout à l'heure, lorsque nous aurons fini de manger. Va, va, en attendant. Et sois là vers 14 heures.

Cela ne m'arrange pas, mais je ne peux pas lui désobéir. Cet après-midi, j'avais prévu de rester avec les hôtes américains, deux couples arrivés la veille. Chaque semaine, des étrangers débarquent du monde entier : j'en ai déjà rencontré d'Allemagne et de Singapour. Ils sont toujours souriants et ont l'air de vivre les heures les plus exaltantes de leur vie. Ils trouvent tout extraordinaire, ici, à Nagi Gompa. Cela nous fait un point commun. J'aime m'occuper d'eux, leur faire visiter les lieux. Parce qu'ils me donnent toujours une petite offrande. Ou un cadeau, comme Otto, un Allemand, qui m'a fait deux présents extraordinaires, que je garde précieusement : un échantillon de parfum, et surtout, un kit de voyage que l'on donne dans les avions, avec une brosse à dents minuscule qui me ravit. Mais j'aime aussi les étrangers pour une autre raison : avec eux, je peux pratiquer mon anglais. Je tire une grande fierté d'être la seule nonne du couvent à savoir parler un peu d'anglais. À l'école, j'avais appris quelques notions d'anglais. « Thank you », « hello », « bread », au début, je ne balbutiais que quelques mots et, à force de m'entraîner, j'ai pu tenir un semblant de conversation. Je les amadoue avec des sourires et des petites bêtises, et j'obtiens toujours que les étrangers passent un peu de temps avec moi, mon livre d'anglais sur les genoux, pour m'aider à apprendre mes leçons. Je veux m'améliorer.

À 14 heures, je frappe donc à la porte de Kunsang Dechen. Elle est assise sur son lit, en habits traditionnels tibétains, comme toujours. La femme de mon maître est d'une grande beauté et toujours impeccablement élégante. Je l'admire beaucoup, pour cela et d'autres choses. Je suis l'une des plus jeunes du couvent, et je sais qu'elle m'aime beaucoup. Devant elle, une assiette de *momos*. Je n'en mange que rarement. C'est un plat que l'on réserve aux cérémonies et aux grandes occasions.

— Sers-toi, ils sont pour toi. La cuisinière en a fait pour les hôtes anglais, hier, et je t'en ai gardé deux, je sais que tu aimes ça.

« Chouchoute », c'est ainsi que les autres nonnes m'appellent pour se moquer de moi. Elles disent cela sans méchanceté, pour me taquiner, et je ne le prends pas mal : je sais qu'elles ont raison. La plupart des nonnes m'ont prise sous leur aile et je suis devenue la mascotte de notre maître et de son épouse. Je n'ai pas mauvaise conscience, je trouve que c'est un juste retour des choses. C'est bien mérité, après toutes ces dures années. Jour après jour, je m'attendris à leur contact. Leur amour me ramollit, comme si la douceur était contagieuse. Mon maître avait dit vrai : sa porte m'est toujours ouverte. Plus on me donne de l'amour – et j'en reçois beaucoup – et plus j'en veux. Tout le monde le comprend. Je ne suis pas la première à arriver ici, avide de sollicitude. Je passe de plus en plus de temps aux côtés de Tulku Urgyen Rinpoché. Le soir, il m'est déjà arrivé de lui demander de me raconter une histoire, et il a accepté – même s'il ne veut pas que je le répète.

— Les visiteurs, hier, m'ont dit que tu commençais à te débrouiller en anglais, c'est bien...

— Oui, ils m'ont donné des revues, je vais essayer de les déchiffrer. Je m'y mets ce soir !

— Tu grandis. Tu as désormais tous tes repères ici, c'est le moment d'aller plus loin. Je sais que tu as beaucoup de volonté et que tu apprends remarquablement vite. Mais si tu prenais plus ton temps, tu progresserais davantage encore, crois-moi... J'ai observé que tu récitais les rituels de mieux en mieux, je voulais te féliciter. Que dirais-tu de travailler encore ta technique et ta voix ?

Je dois préciser ici que jamais mon maître et son épouse n'ont trouvé que j'avais une voix spécialement belle. Moi non plus d'ailleurs. Enfant, je ne chantais ni mieux ni moins bien que les autres nonnes. Mais tout ce que j'essaie, je le fais du mieux possible et je dois dire que, la plupart du temps, j'excelle dans ce que j'entreprends. C'est la raison pour laquelle mon maître aime tant m'apprendre de nouvelles choses : je suis une élève idéale. Cela me permet d'accéder à l'infinie connaissance de Tulku Urgyen Rinpoché, plus que les autres nonnes, qui, généralement, se transmettent le savoir entre elles. Je suis consciente de cette chance et je n'hésite pas à répondre :

— Bien sûr, si vous acceptez de me faire ce cadeau : je suis toujours prête à apprendre plus.

C'est vrai. J'ai toujours adoré développer de nouvelles capacités. Même toute petite, quand ma mère me montrait comment laver le linge, j'aurais pu ruer dans les brancards ou soupirer, mais non, j'étais excitée. Je ne possède rien, sinon moi. Plus j'en saurai, mieux je me débrouillerai. C'est comme si je remplissais un petit baluchon et que jour après jour, j'y emmagasinais des clés pour m'en sortir. Cela me donne le sentiment de valoir quelque chose, finalement.

— Je crois en toi, tu sais, je te fais entièrement confiance. Je pense même que tu as quelque chose de spécial, tu es douée, sans aucun doute. Mais tu dois apprendre à travailler, maintenant que tu n'es plus une enfant...

C'est ainsi que je commence à travailler le chant. Peu à peu, je m'implique. Le lundi et le jeudi, je reçois un cours de chant spirituel, mais aussi de mélodie, j'apprends à mouvoir harmonieusement les mains, à utiliser la trompette, que l'on nomme *gyaling*. Les cours me sont donnés tantôt par mon maître, tantôt par son épouse. Tous deux ont de très belles voix, mais chacun veut m'apprendre à sa façon. Kunsang Dechen se distingue dans les aigus et reproduit des sonorités plutôt nasales, quand mon maître, lui, montre l'ampleur de sa voix puissante dans les basses et joue sur des modulations très naturelles. Évidemment, ils ne sont jamais d'accord. Ils se chamaillent gentiment, heureux, je pense, de ces moments de partage. Je ne veux pas les décevoir, alors j'alterne un style avec un autre. C'est sans doute ainsi que je muscle mes cordes vocales et trouve mon propre style : en mélangeant les leurs, et en m'entraînant à moduler ma tessiture à la demande… Au fur et à mesure que le temps passe, la dévotion et la concentration façonnent mon chant. Je prends peu à peu conscience que ma façon d'interpréter les prières gagne en puissance. Les yeux mi-clos, les paroles des textes sacrés semblent venir d'elles-mêmes jusqu'à ma gorge et je plonge littéralement en moi grâce à la technique enseignée par mon maître. Surtout, je médite plus sincèrement. En salle de prière, ma joie de chanter est si intense qu'elle en est épuisante. Mon ventre est tendu comme un ballon. Lorsque les sœurs commencent à se relever, et à quitter la pièce en discutant, je m'assois, légèrement tremblante. Je me tourne vers mon maître et, chaque fois, je lis la fierté dans ses yeux. Rien ne peut me combler davantage : satisfaire mon maître me rend si heureuse !

Dans ma chambre, dans la cuisine, le matin en me levant, le soir en me couchant, je me surprends à chantonner régulièrement. Je fredonne des mantras, mais pas seulement : on m'a offert un petit radio-cassette et je passe inlassablement des chansons de variétés, les bandes originales des films de Bollywood ayant ma préférence. Mais je me prends aussi de passion pour une chanteuse américaine nommée Bonnie Raitt. Il m'arrive d'écouter en boucle un de ses tubes, *Love Has No Pride*… Un hôte de passage est venu avec sa guitare, et il me montre quelques accords. Je m'entraîne, tout excitée d'arriver à produire de la musique, même si les cordes me font terriblement mal aux doigts !

Je garde un excellent souvenir de cette période

d'apprentissage. Je me revois, sautillant dans ma chambre, la musique à fond, en train de faire semblant de chanter et danser à m'en faire tourner la tête. Oui, si ma vie s'était arrêtée à cette époque, j'aurais déjà estimé qu'elle avait valu la peine d'être vécue.

7

Tomber

Comme chaque fois que je retourne à Katmandou, je suis excitée. Les deux heures de trajet pour redescendre vers la grande ville me semblent durer une éternité. Cette fois, le chauffeur de taxi est plutôt sympa. Tant mieux : je ne suis pas en état de me battre aujourd'hui. Il y a eu deux moussons depuis que je suis partie au couvent, et plus le temps passe, plus mes retrouvailles avec mes parents sont pénibles. J'essaie de leur rendre visite une fois par mois, lorsque mon maître n'a pas trop besoin de moi. J'y vais pour ma mère uniquement, et mes frères aussi, bien sûr. Mais pas pour mon père. Son sort ne m'intéresse pas. Je reste trois jours, et je tente toujours de passer le meilleur moment possible. Je passe plus de temps dehors qu'à la maison. Je me fais un plaisir de dépenser tout l'argent de poche que j'ai pu gagner : je vais voir des films, j'achète des bêtises, des bonbons, n'importe quoi. Mais je rentre toujours les poches vides !

Je croyais que le conducteur était gentil, en fait c'est un idiot : il ne veut pas entrer dans Bodnath, et je dois finir les derniers trois cents mètres à pied. Mon quartier a mauvaise réputation chez certains Népalais, car on trouve beaucoup de débits d'alcool autour du *stupa.* Pas vraiment des bars, mais des cahutes en boue séchée, en bois et en brique qui servent des bols en aluminium remplis d'une boisson artisanale, de celles qui tapent déjà sur la tête alors que le coude est encore levé... Certains soirs, des Tibétains à l'âme blessée déambulent dans les rues boueuses en titubant, marmonnant des histoires qui n'intéressent qu'eux, souvenirs d'un temps révolu et d'un pays qu'ils ont dû quitter de force. Mon père fait partie de ceux-là.

Je suis en retard, je n'ai pas pu prévenir, et ma mère ne me voit pas arriver. Elle me tourne le dos. Mon petit frère, Karma Phuntsok, est à côté d'elle, un chiot blanc et sale dans les bras. Je vois à ses yeux et à sa moue qu'il est en train de se faire gronder. Ma mère lui attrape le bras et il essaie de s'échapper.

— Tu vois comme ça fait mal, dis-moi, tu vois comme ça fait mal ?

Ma mère est en train de pincer violemment le bras de mon frère. Il crie et se tortille pour se dégager. Elle cesse de le pincer, mais ne le relâche pas. Je sais ce qu'elle cherche à lui montrer : j'ai eu droit à la même scène autrefois.

— Cesse de pleurer et écoute plutôt ce que je te dis. Plus jamais tu ne dois écraser une limace, tu comprends ? C'est un être vivant, tout comme toi. Tu vois comme tu souffres quand je ne fais que te pincer ? Tu imagines la douleur de cet animal quand tu l'écrases avec ta chaussure ? Promets-moi que tu ne recommenceras plus...

Il essuie une larme, fixe la marque rouge sur son avant-bras, lance un œil un peu revanchard à ma mère et file sans demander son reste. Il a compris la leçon.

— Je vois que tu appliques toujours les bonnes vieilles méthodes de l'apprentissage par l'exemple !

— Chöying, ma chérie ! J'ai cru que tu ne viendrais plus...

Ma mère se retourne et je la fixe, abasourdie. Son front porte la trace d'une vilaine coupure, encore fraîche, et ses cernes, plus noirs que d'habitude, se confondent avec un bleu qui lui mange la moitié du visage. Ce que je redoutais est bien arrivé. Il l'a encore frappée. À partir du jour où j'ai été nonne, je n'ai plus jamais reçu de coups. De quiconque, évidemment, mais surtout pas de mon père. On ne porte pas la main sur une religieuse, quand bien même celle-ci est votre fille et que son corps garde la mémoire des anciennes fureurs. Il n'aurait jamais osé. Ma mère, en revanche, n'est affranchie de rien. Mon père n'a plus qu'elle pour se défouler, et moi, je ne suis même pas là pour la protéger.

Les larmes me viennent aux yeux, immédiatement. Je ne suis plus habituée à la bêtise crasse des hommes. En descendant de ma montagne, je retombe dans la fange humaine du monde où mon père édicte ses lois. Je donnerais tout pour en arracher aussi ma mère. Mais je ne suis pas sûre qu'elle le veuille réellement.

Le temps d'un clignement de paupières, la rage

balaie les quelques grammes de sagesse que j'ai patiemment accumulés en deux ans à Nagi Gompa. La colère est l'arme la plus fatale que je connaisse. Comme un torrent qui charrie dans sa course les petits cailloux déposés au creux des rivières, la hargne m'envahit. Comme une droguée qui cesse de lutter et plonge, avec peur et délices, dans l'ivresse, j'abandonne la douceur de Chöying et recouvre la fureur de Pomo. J'étais pourtant si calme, si heureuse, hier encore... Mais la haine est une vieille amie : on peut ne pas la voir durant des mois, lorsqu'elle frappe à la porte, c'est comme si l'on s'était quittées la veille. La petite sœur de Bruce Lee n'était donc pas bien loin...

Je ne pose aucune question à ma mère, je ne veux même pas savoir ce qui s'est passé. Inutile. Sans prononcer un mot, je me dirige vers le centre névralgique de Bodnath. J'ai encore mon petit sac de voyage à l'épaule, mais je ne m'en aperçois pas. Je quitte ma rue, indifférente aux saluts des connaissances du quartier. Je fends la foule, les gens se poussent sur mon passage, étonnés de mon pas si rapide, de mon allure si décidée et de mon sac. Les nonnes sont rarement si pressées...

Je l'aperçois, cinquante mètres avant d'arriver. Sa haute silhouette se détache nettement de la masse de ses amis tibétains de sortie ce samedi. Ils se rassemblent toujours au même endroit, juste à côté du *stupa.* Il porte ses cheveux, totalement gris désormais, attachés en une fine queue-de-cheval, noués par un ruban noir qui se balance sur ses épaules. Il a mis son plus bel ensemble, le marron et blanc.

Mon père a toujours été très coquet. Il me tourne le dos. Il doit raconter une bonne blague, car ses amis le fixent, hilares, certains le bras posé sur l'épaule de leur voisin. Tous tiennent dans la main leur petit bol en aluminium. Je m'approche. Mon oncle me reconnaît. Je dois ressembler à un petit taureau prêt à charger, mes jambes légèrement écartées, la tête rentrée dans le cou, les poings serrés le long des cuisses.

Mon père se retourne et me voit. Son regard change aussi vite que le ciel en hiver. Un éclair s'allume dans sa prunelle, soudain vive, malgré le voile de brume jeté par les vapeurs d'alcool. Il sourit, comme un enfant, heureux de me retrouver.

— Chöying, c'est ma petite Chöying, regardez, vous autres, comme ma fille a l'air sérieuse !

J'aurais pu l'humilier en public, ce jour-là, l'obliger à marcher devant moi en le poussant, pour mieux voir sa démarche imprécise. J'aurais pu lui faire honte, en le tirant par le bras et en le traitant d'ivrogne. J'y pense. Mais je n'arrive pas à bouger. La pitié m'envahit. Comment en sommes-nous arrivés là ? Lui, ami fidèle, hôte attentif, artiste talentueux, pourquoi est-il un mari et un père si communément médiocre ? Lui dont la force ne fait aucun doute, que le quartier entier respecte, pourquoi éprouve-t-il le besoin, dans l'intimité de sa maison, de marquer le corps des siens de sa fureur et de son pouvoir ? Je ne comprends pas. Sans doute ne doit-on pas tenter d'éclairer l'inexplicable.

Je le fixe, et je comprends que je ne ferai rien.

Toute cette violence contenue m'épuise. Je suis comme somnolente, soudain.

— Bonjour, papa ! Je suis venue te chercher, tout le monde nous attend à la maison.

— Parfait, Chöying, allons-y… Moi, je suis un bon père, qui obéit à sa fille, voyez…

Il vide son bol d'un trait, le repose dans un claquement métallique sur la grande barrique de bois qui sert de table, serre quelques mains et s'avance vers moi, comme un officier au rapport. Les autres sourient. Mon père adore faire le clown. Il me tend son bras. Je désigne mon gros sac avec une moue gênée et déçue. Je me sens encore incapable de le toucher. Mieux vaut jouer un peu la comédie.

Le reste du week-end se passe parfaitement bien. Je vais faire des courses avec mes frères, pour leur offrir quelques menus cadeaux, comme chaque fois que je reviens. Je ne suis pas bien riche, mais entre l'argent de poche donné par mon maître et les donations récoltées auprès des hôtes du couvent, je possède assez pour leur acheter une nouvelle paire de chaussures s'ils en ont besoin. Je sais ce que c'est que d'être le pauvre de la classe, je ne veux pas que mes frères souffrent de cette condition. Je vais voir un film de Bollywood, je rentre l'esprit léger. Le soir, tous ensemble, nous mangeons un *dhal bat* à la viande, en évoquant les amis de mes parents et leurs enfants.

Étendue sur le côté dans mon lit, la dernière nuit, je fixe un rai de lumière sur le sol, incapable de trouver le sommeil. Toute la famille ronfle doucement. Mon père respire comme un vieux moteur. Cela m'arrache un sourire. Peut-être ne sommes-nous pas pires que d'autres, après tout… Nous nous débattons tous dans notre existence comme des mouches prisonnières dans un pot de confiture. J'ai décidé de partir et de donner une nouvelle orientation à ma vie, mais cela ne me permet pas de juger ceux qui sont restés.

Je me réveille avec le ventre en guerre. La journée passe comme un songe. Chacun fait des efforts pour éviter les accrocs. En début d'après-midi, je pars, avec le sentiment d'abandonner ma mère. Dans la voiture qui me ramène sur ma colline, je serre nerveusement le sac en plastique plein de nourriture que je rapporte pour mes amies. Chaque soubresaut du véhicule m'arrache un gémissement. Mes muscles sont tendus au maximum, je ne réponds même pas au monologue du chauffeur, dont la femme est sur le point d'accoucher. Les deux heures de route me semblent durer une saison. Enfin, nous passons l'entrée du parc national, et, telle une chenille sur un rosier, lentement, nous montons, en évitant les trous, en contournant les mares creusées dans le chemin, en nous heurtant aux pierres. Arrivés en haut, je paie et sors comme un diable de sa boîte. Je n'en peux plus. Le taxi met une éternité à faire demi-tour sur le petit chemin boueux et escarpé. Enfin, ses feux arrière disparaissent au détour du premier virage. Je laisse tomber tous mes sacs et cours jusqu'au bord du sentier. Je vomis au pied d'un buisson en fleur. À quatre pattes, les mains enfoncées dans la terre riche et humide, je lève la tête vers le ciel lourd et je hurle.

Je hurle à la mort comme un chien, pour me détendre, me vider, me nettoyer de toute cette haine. Je n'en veux plus. Je la camoufle, mais elle reste là, tapie, prête à surgir. J'ai voulu lutter, mais je ne suis plus sûre de pouvoir gagner. Elle est plus forte que moi.

8

Voler au-dessus des nuages

La première fois que je l'ai vu, j'ai tout de suite pensé à Mohammed Ali.

Je suis dans la salle de prière et, à travers la fenêtre, je vois passer un étranger. Lui aussi me regarde, de l'autre côté de la baie vitrée, tandis qu'il la longe. C'est la première fois que je suis face à un homme noir, en vrai, pas juste à la télé. Je n'en reviens pas. Sitôt les cérémonies achevées, je cours chez Andreas, un Allemand qui vit avec nous depuis des années. Il parle parfaitement tibétain, et appartient, comme moi, au tout premier cercle de mon maître. Nous sommes très proches l'un de l'autre : je l'appelle « Aba Gaga » – cher papa.

— Qui est-ce, l'homme noir qui est arrivé ?

— C'est un Américain, il vient passer quelques jours avec nous pour suivre les enseignements de Tulku Urgyen Rinpoché. Il habite Salt Lake City et c'est un professeur d'arts martiaux.

Couvent ou pas, je suis toujours aussi passionnée par Bruce Lee. Et mon désir d'en découdre, s'il est moins vif qu'à Katmandou, ne s'est malheureusement pas tari.

— Il faut absolument qu'il m'apprenne le kung-fu, Andreas, absolument !

— Si tu veux un conseil, occupe-toi bien de lui, apporte-lui son petit déjeuner le matin, suis-le dans la journée pour le guider, mets-toi à son service. Je lui dirai un mot, pour qu'il te donne quelques leçons particulières.

Le lendemain matin, je frappe à sa porte à 7 heures. Jerry Garner suit les enseignements du Bouddha depuis de longues années. Il connaît bien les codes de la vie monastique. Mais il ne me connaît pas, moi.

— Bonjour, voici votre thé. Puissiez-vous l'apprécier et me donner quelques cours de kung-fu.

Il lève la tête, interloqué. Même assis dans son lit, il est quasiment aussi haut que moi. Cet homme est vraiment grand et musclé.

— Mais qui es-tu, petite ?

— Ani Chöying Drolma. Et je ne suis pas si petite... J'ai au moins seize ans.

Je lui explique que je veux apprendre à me battre, que je suis très bonne, qu'il ne faut pas se fier à ma petite taille. Je suis aussi forte qu'un garçon.

— Tu désires te battre pour de mauvaises raisons.

— Pas du tout ! C'est toi qui ne veux pas m'apprendre pour de mauvaises raisons : parce que je suis une femme et une religieuse.

— Très bien. Alors je vais plutôt t'enseigner la boxe chinoise. Cela te permettra de te protéger et d'éviter les coups, mais pas d'attaquer.

C'est ainsi que, dans le tout petit jardin d'Andreas, dont la maison est située légèrement en retrait du bâtiment principal, Jerry me donne mes premiers cours d'arts martiaux. Nous nous retrouvons tôt le matin, et il arrive qu'Andreas se joigne à nous.

À cette époque, même si mon visage garde un petit côté bagarreur, mon corps prend les formes d'une jeune femme. Mes seins ont poussé, ce qui m'embarrasse beaucoup. Ma part féminine prend le dessus. Je suis dans un entre-deux assez désagréable. Une partie garçon, une autre fille, une pépite de granit enrobée de mousse.

Un midi, peu avant l'heure du déjeuner, je suis assise dans la cuisine, la Méchante en face de moi. Elle ne soupçonne pas le dixième de ce qui se joue sous mon jeune crâne rasé marqué de cicatrices. Elle me regarde d'un air mauvais par-dessus ses lunettes. Si elle espère m'impressionner, elle ne sait vraiment pas à qui elle a affaire… Je ne serai jamais de ces nonnes timides et humbles, qui parlent doucement en baissant la tête, pouffent dans leur main à tout bout de champ et pensent qu'on leur fait un cadeau en s'intéressant à elles. Je suis fière, je le reconnais. J'ai sans doute une trop haute opinion de moi-même. Mais je suis encore jeune et ignorante. Elle, en revanche, avec ses rides et sa silhouette en bonbonne, a déjà bien vécu. L'âge aurait dû lui montrer la voie de la sagesse. Mais la Méchante ne devait pas porter ses lunettes le jour où le chemin lui a été dévoilé…

— Ça va, Chöying, pas trop débordée ?

— Non, j'aurai encore le temps d'aller faire la sieste après le déjeuner, je pense, je te remercie.

Un tic nerveux agite sa joue droite. J'ai rarement eu autant de plaisir à énerver quelqu'un. Je suis en train de confectionner des bougies, car nous n'avons pas encore l'électricité à Nagi Gompa. Le mois dernier, un homme en costume occidental s'est présenté pour nous avertir qu'il y aurait bientôt des élections municipales et que si nous votions pour son candidat, nous aurions enfin la lumière. Un matin, un bus est venu nous chercher pour nous emmener à l'école du village. Je n'ai pas encore l'âge de voter, mais je suis quand même allée voir. Toutes les sœurs ont mis le même nom dans l'urne, dociles, comme on le leur avait demandé, sous le regard de l'individu. Beaucoup de nonnes ne savent même pas lire et ne se demandent pas pour quoi ou pour qui elles votent. Mais tout le monde aimerait bien avoir l'électricité désormais...

En attendant, je fabrique mes propres bougies grâce à une méthode que j'ai inventée. Dans une vieille boîte de conserve, je fais chauffer les restes de cire des milliers de cierges qui brûlent au *stupa*, à Bodnath. Je cherche des petites bouteilles, comme celles qui sont utilisées pour le sirop contre la toux. Je glisse une fine corde à l'intérieur, je verse dedans la cire chaude, en m'assurant que la corde est bien au milieu. Puis je laisse refroidir. Après deux jours, quand tout a bien durci, je casse délicatement le verre – et je récupère ma chandelle ! Voilà à quoi je suis occupée, pendant que la Méchante, elle, remplit les carnets de comptes. C'est elle qui passe commande du riz, des pommes de terre et de la plupart des provisions que consomment tous ceux qui sont au service de notre maître.

— J'ai parlé à Tulku Urgyen Rinpoché, ne sois pas surprise. Ton attitude, ton insolence, et même tes bagarres quotidiennes dans le jardin d'Andreas sont un très mauvais exemple pour notre communauté. Il t'a convoquée. Il t'attend depuis cinq minutes.

Cette punaise ne m'avait pas prévenue ! Je suis en retard à un rendez-vous que j'ignorais. Je finis de verser la cire dans la dernière bouteille, je ne veux pas en plus lui faire le plaisir de me dépêcher. J'abandonne la casserole sur la table, juste à côté d'elle.

J'entre sans frapper dans la salle de méditation de mon maître. Depuis plusieurs semaines – date de ma dernière visite à Katmandou –, je me sens mal, confusément inquiète. Je sais que j'ai relâché mes efforts. Je suis moins attentive aux lectures de textes sacrés faites en commun ; le soir, avant d'aller nous mettre au lit, j'ai tendance à lire les miens à toute vitesse, sans vraiment méditer.

Mon maître reste silencieux de longues minutes. Je lui ai simplement présenté mes respects, j'ai allumé un peu d'encens, et je me suis assise à ses pieds. La tête baissée, j'essaie de calmer la tempête qui, depuis plusieurs jours, souffle en moi : pas déchaînée, mais prête à enfler. Quand je me pose ainsi, je me rends compte à quel point je suis agitée intérieurement.

— Au lieu de maudire l'obscurité, pourquoi ne tentes-tu pas d'allumer une bougie ?

Il ne parle pas de mes activités manuelles, évidemment. Bien que je ne sois encore qu'une très jeune nonne et que ma pratique du bouddhisme soit balbutiante, les enseignements de mon maître, comme des graines de sagesse, ont commencé à germer dans mon esprit. Je reste silencieuse, attendant la suite de son enseignement.

— Au lieu d'en vouloir aux autres, de gâcher ton énergie, ta force et ton intelligence à critiquer et à juger, essaie de changer ta façon de les percevoir. Si les autres sont mauvais, aide-les, toi qui es plus chanceuse. Donne, si tu ne souhaites rien prendre d'eux. Tu ne peux pas agir sur autrui, alors, commence par toi. Développe en toi l'inverse de ce que tu n'aimes pas en eux.

Mon maître ne parle jamais beaucoup. Ses leçons ne sont que très rarement théoriques. Il n'a pas l'habitude de donner de clés, mais il agit. C'est en le regardant être, si plein d'amour, de bonté, de compréhension et d'attention que j'apprends. Ce jour-là, il m'en dit plus que jamais auparavant.

— Oui, je sais. Mais je ne peux calmer la colère que mon père m'a inspirée. Je ne le comprends pas... Il ne nous aime pas, ma mère et moi, c'est évident. C'est injuste, et ça me rend folle de rage. La violence a pris toute la place dans mon cœur, je le regrette, mais je ne peux m'en empêcher...

— Tu connais ce texte de Bouddha, Chöying, n'est-ce pas ? Écoute...

Mon maître ferme les yeux et récite un passage du Dhammapada, l'un des plus anciens textes bouddhistes qui soient conservés de nos jours. Pas plus forte qu'un murmure, sa voix envahit toute la petite pièce. Je me sens enrobée par elle, chaude et si familière.

Regarde comme il m'a maltraité et battu
Comme il m'a jeté à terre et volé
Vis avec ces souvenirs, et tu vivras avec la haine
Abandonne ces pensées, et vis avec l'amour
Dans ce monde,
La haine ne fait jamais disparaître la haine
Seul l'amour peut venir à bout de la haine
Telle est la loi
Antique et inépuisable

Ses derniers mots sont à peine audibles, tant mon maître semble retiré à l'intérieur de lui. Les larmes coulent le long de mes joues, paresseusement. J'ai besoin de pleurer, mais je ne suis pas si triste que cela. C'est juste l'émotion, trop forte, qui déborde de mes yeux.

— Je ne te dis pas que tu dois lui pardonner, que ce qu'il a fait n'est pas grave. Je comprends ta colère. Mais elle n'est pas bonne pour toi, ni pour personne. Elle te heurte une fois encore, comme si tu avais été blessée deux fois. Crois-tu que ton père prenne du plaisir à te battre ? Je pense plutôt qu'il est malade, soumis à ses émotions et incapable de lutter contre. Je suis sûr que lorsqu'il a fini de vous battre, ta mère et toi, ton père affiche un air triste. Il souffre de cela. Toi, tu as la chance de pouvoir encore apprendre à ne plus être victime de tes émotions. De vous deux, tu es la plus chanceuse, Chöying, crois-moi…

Ce discours-là est à peine audible pour moi. D'ailleurs, je ne l'entends qu'à moitié. Je le supporte, car il vient de Tulku Urgyen Rinpoché et que je lui voue un respect absolu. Cet homme m'aime véritablement, je sais qu'il ne me conseillera jamais mal. Il ne veut que mon bien. Mais mes poings se serrent malgré moi.

— Que ferais-tu si tu voyais quelqu'un dans la rue, malade ? Ne lui proposerais-tu pas ton aide ? Alors, pourquoi donner à un inconnu qui ne t'a jamais rien offert quelque chose que tu refuserais à ton propre père ? Essaie de penser à ce qu'il a fait de bien pour toi, au lieu de te laisser basculer dans tous ces souvenirs douloureux. Il n'a pas eu que des intentions néfastes à ton égard, ne l'oublie jamais. Il t'a soignée lorsque tu n'avais que quelques jours et que tu étais si fragile qu'un rat aurait pu t'emporter pour te manger, il t'a nourrie ensuite, t'a permis d'aller à l'école. Si tu es là aujourd'hui, en bonne santé, c'est aussi grâce à lui. Ne sois pas injuste avec lui : si tu te souviens de ses mauvaises actions, n'oublie pas non plus les bonnes.

Je me concentre pour me laisser guider par mon maître. Je vois mon père me porter sur ses épaules, dans la rue, pour que je puisse admirer les cérémonies par-dessus la foule. Je le vois travailler du soir au matin, sans masque, dans les émanations toxiques de produits chimiques, pour peindre ses statues. Je le vois sortir avec ma mère, certains soirs, manger des *momos*, là où ils sont les meilleurs… Bien sûr, ce n'est pas un monstre. Si penser cela peut me délester du terrible fardeau de la colère, je veux bien faire un effort.

J'ai besoin de réfléchir à tout cela. La main sur la porte, je me retourne vers Tulku Urgyen Rinpoché. Il me regarde en souriant.

— Pense à ceci, encore. Le lotus naît dans la boue, mais sa fleur reste toujours blanche et propre. Voici notre plus grand défi : vivre au cœur du problème, et ne pas être remis en cause par lui. Telle est la joie de la liberté.

Je sors de la salle de méditation et je respire un grand bol d'air frais. Les drapeaux multicolores de prière claquent dans le ciel, comme un roulement de tambour. Je suis seule. Des corbeaux passent au-dessus de ma tête. Au loin, je vois une nonne penchée sur le sol, elle bêche la terre dans le potager, je n'arrive pas à distinguer son visage. J'ai froid. Je marche jusqu'au bord du terre-plein, là où la colline semble se jeter dans le vide. Je m'assieds dans l'herbe humide, les jambes croisées en tailleur, les paumes retournées sur les genoux, comme j'ai vu faire mon maître tant de fois. J'ai été paresseuse jusqu'alors, la Méchante a raison. J'en suis la première punie : je n'ai guère progressé. J'ai appris à me battre, mais peut-être me suis-je trompée de cible. Aguerrir mon corps ne suffit pas : je dois aussi affûter mon esprit.

À une cinquantaine de mètres de là, un aigle plane dans la grisaille, quasiment au même niveau que moi, juste au-dessus des nuages. Mon maître m'a assurée que, si je le voulais, je pouvais voler. Il suffit de méditer, encore et encore. Je suis sûre que je peux voler, si je me concentre vraiment. J'essaie d'apaiser le vacarme de mon cerveau. Il faudrait pouvoir le faire taire, comme on éteint la radio, en tournant un bouton. Les pensées bourdonnent dans tous les sens, mon père, mon livre d'anglais, *Des émeraudes pour ton cœur*, le dernier film indien que j'ai vu en descendant en ville, l'hôte allemand qui est reparti la semaine dernière… Je chantonne un mantra, le préféré de mon maître, celui qu'il aime réciter avant de s'endormir. Je sens mes poumons pomper l'air brumeux, mon sang bouillonnant circuler dans mes veines, mon ventre se gonfler, mes épaules se soulever, tout doucement. Le calme se fait, peu à peu.

Quelques jours plus tard, alors que je nettoie mon linge au lavoir, mon maître s'assoit à côté de moi, sur le rebord de pierre.

— Cette tache ne partira pas aujourd'hui, Chöying, elle est trop incrustée dans le tissu.

— Je sais, mais je frotte autant que je peux, et elle se voit de moins en moins.

— Tu la fais disparaître chaque fois que tu la nettoies, et un jour, elle disparaîtra complètement. Il en est de même pour ta colère. Il faut laver, encore et encore…

Les enseignements de mon maître s'appuient toujours sur de toutes petites choses insignifiantes en apparence.

La pratique du bouddhisme est une activité différente pour chacun, très mystérieuse, très intime, qu'il ne m'est pas facile d'expliquer. Il faut travailler, encore, toujours, chaque seconde, méditer, méditer, encore méditer. Le chemin est long, difficile, comme une route sinueuse et caillouteuse se traçant toujours au bord de l'abîme.

Chaque jour, je m'installe face à la vallée, assise sur une grosse pierre. Je médite, du mieux possible. Jerry Garner est reparti aux États-Unis. Je n'essaie plus de durcir mes paumes pour mieux me battre. Je mets de la lotion sur mes mains, je les veux douces. Je suis heureuse de ce temps libéré. Le but que je me suis fixé, apprendre à voler, me motive terriblement. En fin de séance, je me tords le cou pour tenter d'apercevoir mon dos et vérifier si les ailes commencent à pousser. Mais mon dos reste parfaitement lisse. Pas le début d'un chatouillement. Pas la moindre plume à l'horizon, si ce n'est celles que l'aigle abandonne parfois près de ma place, comme par hasard. Mon âme, elle, se déploie de jour en jour. Je n'ai plus du tout envie de me battre. Je veux tenter de rendre tout ce que l'on m'a donné. Je ne le sais pas encore, mais je suis bien en train de prendre de la hauteur. De voler au-dessus des nuages, moi aussi.

9

Grandir

Ma mère déballe délicatement le papier de soie, les joues roses de plaisir. Elle sort la chaîne en or, du bout des doigts, comme si un geste trop brusque pouvait faire disparaître le bijou.

— Ma chérie, tu n'aurais pas dû, c'est beaucoup trop beau…

— Trop beau pour qui, maman ? Ce collier est juste parfait pour toi, il te va à merveille…

— Il a dû te coûter affreusement cher…

— Mais puisque je te dis que l'on m'a donné beaucoup d'argent, là-bas. Je suis tellement contente de te faire plaisir, encore plus que toi.

Je soulève ses longues tresses et lui attache le bijou autour du cou. C'est la première fois de ma vie que je suis assez riche pour offrir un cadeau vraiment spécial à ma mère. Comme toutes les femmes asiatiques, elle adore l'or. Et moi, j'adore la voir heureuse.

Je reviens d'un voyage de cinq semaines à Singapour. J'ai été invitée par une charmante femme chinoise et bouddhiste, Lim Hsiu Mei, que j'appelle « marraine ». Je l'ai rencontrée l'année d'avant, elle était venue rendre visite à mon maître et recevoir ses enseignements. Lorsqu'elle est repartie, elle a beaucoup insisté pour que je l'accompagne chez elle. Évidemment, pour cela, j'avais besoin de l'accord de mon maître. Je brûlais d'envie de voir le monde. De découvrir, enfin, cet ailleurs entrevu seulement à travers le cinéma. Mais Tulku Urgyen Rinpoché s'est montré plus qu'hésitant. Il n'était pas prêt à me laisser partir, ayant besoin de moi à ses côtés pour l'aider. Au bout de plusieurs mois, à force de lui en parler régulièrement, de déployer des trésors d'imagination pour me montrer convaincante – sans grand succès, il faut l'avouer –, une occasion parfaite s'est présentée. Un an s'était écoulé depuis l'invitation. Mon maître partait à Taïwan durant plusieurs semaines. S'il n'était pas là, je ne pouvais pas lui manquer ! Las de lutter et, sans doute aussi, séduit par ma combativité, mon maître m'a finalement laissée voyager.

J'étais à la fois effrayée et excitée par cette perspective incroyable. Au couvent, cette nouvelle « excentricité » est restée en travers de la gorge des plus anciennes. Tant pis ! J'ai déjà compris que je n'étais guère consensuelle. Seul l'avis de Tulku Urgyen Rinpoché m'importe. Une telle chance ne se refuse pas. Mis à part quelques voyages en Inde, avec la famille, c'est la première fois que je pars si loin, dans un pays tellement différent du mien. Surtout, à dix-huit ans, c'est la première fois que je prends l'avion ! Toute seule, en plus… Je me souviendrai longtemps de ce vol. Il a été à la fois délicieux et horrible : délicieux, car tout me ravissait, la gentillesse des hôtesses, la délicatesse de leurs robes, les subtilités de la nourriture, servie dans d'incroyables petits plateaux-repas. Surtout, tout sentait si bon dans l'avion ! Mais horrible aussi, car après quelque temps, après le dîner, j'ai été prise de nausées. Je suais, la tête me tournait, je me suis sentie terriblement oppressée. Et finalement, j'ai vomi. Le mal des airs... J'étais extrêmement gênée et j'ai achevé le voyage sans un mot, incapable de m'endormir, enfoncée dans mon siège, le plus loin possible de ma voisine qui m'ignorait méticuleusement.

Ma marraine est venue me chercher à l'aéroport, et le malaise a laissé place à la stupéfaction. Des tapis de bagages au sol en marbre, des boutiques regorgeant de produits de luxe aux taxis parfaitement alignés, des hôtesses belles comme des actrices de Bollywood, je ne savais plus où porter mon regard. Je suis sortie de l'aéroport de Singapour la peur au ventre et les zygomatiques douloureux, à force de sourire béatement.

À travers la vitre abaissée de son auto, le nez au vent, je regarde tout avec avidité, comme si cela pouvait disparaître en un clignement d'œil. Je suis étonnée par les contrastes, les immenses tours ultramodernes d'un côté, le linge qui pend aux vieilles fenêtres de l'autre – je prends ça pour des drapeaux ! Je garde un souvenir très précis du lave-voiture automatique, ses énormes rouleaux mousseux, le vacarme soudain dans l'habitacle, l'impression d'être prise dans une tornade, la peur, même, face à cette sensation nouvelle... La chaleur me surprend aussi, je ne m'y attendais pas. Je transpire beaucoup, dans ma longue robe épaisse. Le troisième jour, ma marraine me propose donc d'adopter un look moins monastique :

— Ani, tu ne peux pas rester comme ça, à suer sang et eau. Pourquoi ne portes-tu pas des vêtements normaux, exceptionnellement ?

Je ne me le fais pas dire deux fois, d'autant que je suis très gênée des regards posés sur moi dans la rue. Chez moi, au Népal, les moines et les nonnes sont tellement nombreux, les rues sont toutes constellées de petites taches de couleur ocre ou rouge, que personne, jamais, ne me dévisage. Ici, il arrive que les passants se retournent sur mon passage, et je n'apprécie guère. Ma marraine m'achète donc des bermudas et des tee-shirts à manches courtes, dans mes couleurs tout de même, et je me sens beaucoup plus à l'aise ainsi. Je suis normale, vue de Singapour.

Les jours passent, et je commence à trouver mes repères. Le matin, je suis des cours d'anglais dans un centre linguistique, avec un professeur australien, qui ressemble à Robin Williams, l'acteur de *Madame Doubtfire.* J'aurais aimé rester plus longtemps, mais, au bout de cinq semaines, faute de visa, je dois rentrer, les valises pleines de cadeaux.

— Raconte-nous, alors, comment c'est, l'étranger ?...

J'ai déjà relaté mon voyage au moins cinq fois, mais je recommence, pour mes parents et mes frères, parce que je sais que cela fait plaisir à tout le monde. Moi y compris. Je raconte les rues si droites, les hamburgers au fromage dégoulinant, les dames en minijupe, la foule du métro, les feux rouges, les sonneries de bateaux dans le port, les adolescents qui s'embrassent, les milliers de panneaux sur les routes...

— C'est vrai que les étrangers vivent tous dans des palaces, qu'ils ne parlent que d'amour, de beaux vêtements et de nourriture ?

Notre petite voisine, entrée sans même qu'on la remarque, veut elle aussi sa part de rêve. Comme la plupart des Tibétains qui n'ont jamais quitté leur pays, la fillette pense que le reste du monde ressemble à ce que l'on voit au cinéma. Moi aussi, j'avoue, j'avais beaucoup de clichés en tête avant de partir. Mais je me suis aperçue que la réalité était bien différente. Mes amis travaillent plus de dix heures par jour, profitent à peine de leur appartement, rentrent épuisés et stressés. Ils semblent courir après l'inaccessible. Moi qui suis habituée à avoir une vallée à mes pieds, je trouve surtout qu'ils vivent dans de bien petits espaces. J'ai adoré me promener seule dans cette immense ville, prendre le bus, regarder les vitrines durant des heures, manger des plats mystérieux dont je n'aurais même jamais imaginé les saveurs. J'ai apprécié la pulsation permanente de Singapour, la grande gentillesse de tous ceux que j'ai rencontrés, mais je suis terriblement heureuse de rentrer chez moi.

— Et pour toi, qu'est-ce que tu t'es acheté ?

Je montre les deux paires de chaussures que mes amis m'ont offertes. J'adore les chaussures. En fait, si je n'étais pas nonne, je serais sûrement une *fashion victim* ! J'aime les jolies choses, les belles matières, les vêtements bien coupés. Je pense que j'ai hérité ça de mon père... Mes habits de religieuse ne me permettent pas de varier beaucoup mes tenues. Le seul élément sur lequel je peux m'accorder quelque fantaisie, ce sont mes chaussures. Je les choisis toujours simples et élégantes. C'est mon unique concession à la coquetterie féminine. Mes amis chinois le savent, et ont eu la gentillesse de m'offrir une paire de ballerines bordeaux et des mocassins marron.

Mon père est silencieux et pensif depuis tout à l'heure. Il respire sa chemise avec volupté. Je lui ai rapporté un parfum français. Il en est tout enivré – pour une bonne raison, cette fois. Ce qui lui tourne la tête, surtout, ce sont les billets verts qui occupent assez étrangement la table. Mille dollars, pour lui. Il ne peut en détacher son regard. Il en a classé une partie en tas. Le reste est éparpillé sur la table. Malgré moi, j'attends un remerciement. Un simple mot, un tout petit mot : « Merci ». Mais il ne vient pas. Je me tourne vers lui. Lui aussi me fixe. Il y a dans cet échange de regards silencieux des milliers de mots. J'entends très bien ce qu'il ne me dit pas. Sa fierté. Son bonheur. Son admiration. Sa fille a été invitée à l'autre bout du monde et elle est de retour, chargée de cadeaux. Il n'en revient pas. Et en même temps, il a toujours su. Je lis sur son visage à quel point il est heureux.

Durant un mois et dix jours à Singapour, j'ai épargné chaque centime. Pour la première fois de ma vie, j'ai économisé. J'ai reçu beaucoup d'offrandes là-bas. La tradition bouddhiste veut que l'on fasse des cadeaux aux moines et aux nonnes, pour qu'ils puissent subvenir à leurs besoins. En échange, ils prient pour leurs bienfaiteurs. La communauté singapourienne a été généreuse envers moi, et j'ai pu amasser un peu plus de mille dollars. Un à un, j'ai rangé les billets que l'on m'offrait dans une petite pochette en cuir rouge que m'avait donnée une amie singapourienne. Chaque fois, je pensais à la tête de mon père quand je rentrerais à la maison et que je la lui tendrais.

Sitôt les roues de l'avion posées sur le tarmac de Katmandou, au retour, je n'ai eu qu'une hâte : donner tout mon argent à mon père. La pochette était tellement gonflée que j'avais eu du mal à la fermer.

— Tiens, c'est pour toi !

À peine arrivée, j'ai tendu la pochette à mon père, un peu interloqué.

— C'est pour vous, je te dis.

J'essaie d'étouffer l'accent de triomphe qui fait vibrer ma voix, mais je n'y parviens pas. Je suis fière comme jamais je ne l'ai été. Je veux tellement les rendre heureux !

— Tu n'auras plus à te préoccuper de moi, je te le promets. À partir d'aujourd'hui, c'est moi qui prends soin de vous...

Et je dis vrai. Mon maître m'a sans cesse répété que les personnes les plus importantes de notre vie sont nos parents. Il faut les chérir, leur rendre ce qu'ils nous ont donné quand nous n'étions qu'un petit paquet vagissant aux fesses crottées. Lorsque je n'étais qu'un bébé, ils m'ont soignée ; à moi désormais de les soutenir. Pour un bouddhiste, il n'y a pas d'action plus vertueuse à mener que celle-là. Ils m'ont offert le plus beau des cadeaux : la vie. Sans doute ne pourrai-je jamais leur rendre autant. Jusqu'à la fin de leurs jours, je leur ai donné tout ce que j'ai pu, et je ne leur ai plus jamais demandé un centime.

En 1991, quand mon père a décidé de déménager,

j'ai aidé mes parents de mon mieux. Les affaires de mon père fonctionnaient plutôt bien, et chaque fois que je partais en voyage à l'étranger, j'emportais dans mes valises ses statuettes, afin de les vendre. À Hong Kong ou à Taïwan par exemple, leur valeur est bien plus importante que chez nous à Katmandou. Certaines au couvent n'apprécient pas que je fasse du commerce. C'est à cette époque que les mauvaises langues ont commencé à m'appeler la « business nonne ». Évidemment, je m'en moque, car au fond de mon cœur je connais ma seule motivation : faire le bonheur de ma famille. Cette année-là, j'ai passé beaucoup de temps à Bodnath. Je dois surveiller les travaux, car mon père en est bien incapable. Naïf, il accorde sa confiance à des entrepreneurs douteux, s'absente du chantier, se montre trop coulant avec les ouvriers. Moi, non. Je suis là le plus souvent possible, pour négocier les meilleurs contrats, recruter les architectes, orchestrer la construction et vérifier que personne ne cherche à abuser de nous. Je suis présente de 8 heures du matin à 8 heures du soir. Ma constance et mon sérieux provoquent la curiosité, puis l'admiration des voisins. Un jour, un homme que je connais un peu, un ami de mes parents qui vit juste à côté, s'avance vers moi. J'ai bien remarqué que lui et sa femme m'observaient souvent.

— Ton père et ta mère ont beaucoup de chance d'avoir une fille comme toi !

— Merci. Moi aussi, j'ai de la chance. Je m'en occupe, car cela me plaît.

— Je vois…

Un peu mal à l'aise, il se met à fouiller dans la

poche de sa veste. Il en tire maladroitement une photo, qu'il me présente, dans un grand sourire.

— T'ai-je déjà parlé de mon fils ? Il vit à Singapour, il travaille dans les affaires, c'est un bon garçon. Que dirais-tu d'être ma belle-fille ? Avec ma femme, nous serions ravis d'accueillir dans la famille une enfant aussi dévouée, travailleuse et courageuse que toi. Sans compter que tu es très mignonne...

Il sourit, et son aplomb me fait rire aussi. Je décide de prendre ça comme une bonne blague, pour ne pas lui faire perdre la face et surtout, pour couper court à cette conversation gênante. À vingt ans, je suis très mignonne. Je sais que, bien que nonne, je plais aux hommes, je peux le lire dans leurs yeux. On m'appelle même la « jolie nonne », c'est mon surnom dans le quartier. Parfois les religieuses entrées tôt au couvent changent d'avis, une fois devenues femmes. Face aux désirs des hommes et à leurs sollicitations, elles choisissent de se marier et d'abandonner la vie monastique. Je sais que cela arrive plus souvent qu'on ne le pense. Mais pas à moi. Lorsque j'ai commencé à voyager et à me distinguer dans mon comportement de celui des nonnes « traditionnelles », mes parents ont craint que je ne quitte la vie religieuse. Beaucoup de gens ont cancané, et peu pariaient sur moi. Mais jamais je n'aurais infligé cette humiliation sociale à mes parents : avoir une fille qui renonce à être religieuse est très mal perçu dans la société. Surtout, je n'en ai jamais eu envie. Et surtout pas pour le fils de mon voisin. À Nagi Gompa, en revanche, j'ai croisé l'an dernier un jeune moine de passage qui m'a beaucoup plu. Je l'ai vu peut-être trois, ou quatre fois. Il accompagnait son propre maître et est resté quelques jours. Je ne lui ai jamais parlé. Mais nos regards étaient si pleins de mots qu'ils en étaient presque assourdissants. Pour moi, en tout cas… Il était beau, avec une très jolie peau, des dents extrêmement blanches. Le plus que j'aie vécu avec lui, ce sont des robes qui s'effleurent quand nous nous croisions dans des couloirs, des yeux qui se cherchent, l'espoir d'être observée qui procure des picotements dans la nuque, un parfum qui flotte dans un courant d'air et par lequel on aimerait se laisser enivrer… Mon cœur battait si fort, lorsque je le voyais… Alors, je me suis demandé : « Est-ce bien cela que tu veux ? Aller avec cet homme et te marier ? » La réponse, immédiate, n'a pas tardé à surgir comme un cri dans ma tête : « Non ! Non ! Non ! »

Je n'ai jamais eu à lutter contre mon désir, car cette certitude que je serai toujours mieux dans ma vie sans un homme est vissée à mes tripes, d'instinct. J'aime trop ma liberté pour m'enchaîner à quiconque.

Un an plus tard, la maison de mes parents est enfin sortie de terre. Une vraie maison, cette fois, avec un étage, une petite cour, une véranda pour ma mère. Je souhaite de tout cœur que mes parents soient enfin apaisés ici. Je les installe comme une mère donne à ses enfants la clé de leur premier appartement : l'adulte, désormais, je sens bien que c'est moi. Eux n'ont plus à se soucier de moi, quoi qu'il arrive, je sens que je me débrouillerai toujours. La seule chose que je leur demande en échange, c'est d'être heureux pour nous tous.

10

Fragile et forte

Couchée dans l'herbe épaisse de la pelouse du couvent, les bras et les jambes écartés façon étoile de mer, la tête bien droite, tournée vers les milliers de lumignons de la Voie lactée, je me laisse transporter par la beauté des cieux. Je suis sûre que nulle part au monde il n'en existe de plus beaux qu'au Népal. Cela fait sept ans que je suis ici ; sept ans que cette nuit m'émeut aux larmes. Si je me dresse sur mon séant, les astres se confondent avec les lumières de la ville étalées en tapis à mes pieds. J'ai l'impression d'être en lévitation au milieu du ciel. Avec mes deux amies, Ani Tara et Gyanatara, après avoir fait un brin de toilette dans la nature, nous sommes redescendues sur la pelouse pour profiter de cette nuit quasi divine. Je suis calme comme jamais. J'inspire et je libère l'air de mes poumons en une complainte ténue. J'aime chanter dans la nuit, lorsque personne ne me voit. Ma voix est alors étrangement dense. Elle donne même la chair de poule, paraît-il. Sans doute parce qu'elle s'adresse directement aux étoiles.

— J'ai trouvé qu'il avait l'air en meilleure forme qu'hier.

La voix rocailleuse de Gyanatara rompt le silence.

— Sa tension est bonne, en effet, son taux d'insuline aussi.

Depuis quelques mois, la santé de Tulku Urgyen Rinpoché nécessite des soins permanents. Il souffre de diabète, sa pression artérielle est trop élevée. Parce que mes connaissances en anglais me permettent de décrypter les posologies des médicaments, je me suis recyclée en infirmière. C'est moi qui lui administre ses piqûres d'insuline et prends sa tension le matin et le soir, juste avant les repas. Voilà pourquoi, la semaine passée, aidée de mes amies, j'ai abandonné la petite chambre que j'aimais tant, qui fut mon refuge durant ces sept premières années passées au couvent. J'ai déménagé, pour m'installer à quelques mètres de celle de mon maître. Nous avons transporté mes rares affaires dans de grands sacs utilisés d'ordinaire pour le riz. Je me sens triste. Pas tellement de quitter ma chambre : j'ai appris à me détacher des choses matérielles. Je m'inquiète pour lui. Aujourd'hui, j'ai une nouvelle chance de lui montrer mon dévouement. Sa femme bien-aimée est morte voilà quelque temps. Je suis heureuse de lui être utile à mon tour, mais je sais ce que cela implique : à plus de soixante-dix ans, c'est désormais un vieil homme. Pour moi, c'est pourtant toujours le même que celui que j'ai rencontré un jour : je le vois toujours avec les yeux émerveillés de la petite fille de onze ans que j'étais alors.

— Allez, au lit ! On se lève dans cinq heures…

fais-je remarquer aux deux autres nonnes qui ne semblent pas vouloir bouger.

Notre vie, à moi et à tous ceux qui sont à son service, est parfaitement réglée. Je me lève à 4 heures et demie. Par un drôle de hasard, un petit oiseau a pris l'habitude de dormir sur ma fenêtre. À l'heure du réveil, il tape sur mon carreau. Cela paraît incroyable, mais c'est ainsi. Dans la nuit, avec une petite bougie (même si nous avons l'électricité, je ne veux pas réveiller tout le monde), je me dirige alors vers la chambre de mon maître. Lui médite déjà. Il ne fait quasiment plus que cela, depuis que la maladie le contraint à limiter ses déplacements. Je vérifie sa pression sanguine et son taux de sucre. Moi qui détestais la vue du sang, je n'y pense même plus et effectue les gestes de manière automatique. Nettoyer le doigt droit, le piquer rapidement, récolter la goutte de sang sur un bâtonnet en plastique, le glisser dans la machine, attendre. Puis faire la piqûre, le plus vite possible, comme le médecin me l'a montré. Récolter les urines, en vérifier l'aspect, vérifier la différence entre ce qu'il a ingéré et ce qu'il a rejeté. Et enfin, reporter dans son carnet de santé les résultats du jour, pour suivre les évolutions. Ensuite seulement, il est autorisé à manger : je lui sers un bouillon, préparé par sa cuisinière. Les pommes de terre, le riz, les sucreries lui sont quasiment interdits.

Toutes ces opérations se déroulent parfois sans un mot et dans la pénombre. Souvent, Andreas est déjà là. Je me demande quand il dort... Il est comme un fils pour notre maître, en même temps que son mécène. Je sais qu'il paie de nombreux soins. Depuis un moment, lui aussi a pris un coup de vieux. Notre maître, de son côté, reste égal à lui-même : il n'a rien changé à ses habitudes. Il est toujours aussi sage, bon, doux, humble, patient. Il s'inquiète pour les autres, demande des nouvelles de chacun. Le soir, lors des séances de méditation, pendant que nous lui massons les pieds et les mains avec des huiles essentielles, afin de le délester du poids de la journée, il lui arrive encore, comme autrefois, de nous raconter des épisodes de sa jeunesse, lorsqu'il voyageait au Bhoutan, à Lhassa, ou dans des contrées très éloignées du Tibet, comme au monastère de Nubri par exemple, à la frontière avec le Népal. Quand mon maître relate ces épisodes de sa jeunesse, il en retrouve l'éclat, intact, vivifiant. J'aime le voir si heureux.

Il arrive fréquemment que je me recouche, vers 5 heures et demie, après avoir bu une tasse de thé tibétain. Je rejoins avec délices ma couverture bien douce et tente de prolonger encore un peu l'insouciante innocence de la nuit : tant qu'il fait noir et que personne ne parle, on peut feindre de ne pas savoir ce que l'avenir nous réserve. Tout le monde se tait. Sauf Gyanatara.

— Vous pensez vraiment qu'il n'a pas peur de la mort ?

Je jette un œil incrédule à mon amie. Comment peut-elle prononcer une telle phrase ? Nous ne parlons jamais de cela entre nous, pour la bonne raison que nous n'y pensons pas. Durant toute la maladie de mon maître, je n'ai jamais songé à sa mort, uniquement à sa guérison. Pour moi, il était indisposé, et nous étions là pour le soulager et lui permettre de recouvrer la santé. Rien de plus. Je prie beaucoup pour cela. Je comprends que, cette fois, la situation est plus délicate que d'ordinaire, peut-être mon esprit concède-t-il qu'une marche a été gravie et que l'épreuve est plus rude que jamais, mais rien de plus. Vraiment, rien de plus. J'en veux à Gyanatara de la phrase qu'elle vient de prononcer. Qu'est-ce qui lui a pris ? Les bouddhistes ne craignent guère la mort : c'est sans doute la seule certitude de la vie. Elle possède en outre un pouvoir inégalé, celui de pousser les hommes à regarder au fond de leur cœur pour distinguer l'essentiel du superflu. Pour beaucoup, son voisinage pousse à remettre la vie en question et à choisir de privilégier la vie spirituelle. En cela, la mort est aussi une alliée.

— Allez, au lit, j'ai dit ! Une belle journée nous attend demain…

Brusquement, je me relève. D'un pas rapide, les pans de ma robe balayant les perles de rosée de l'herbe du couvent, je regagne ma nouvelle chambre. Cette nuit-là, difficile de trouver le sommeil. J'entends mon maître tousser de l'autre côté de la paroi. Les médecins, des disciples pour certains, affichent tous une bonhomie rassurante. « Solide » et « encore longtemps parmi nous », voilà leur diagnostic chaque fois qu'ils sortent de la petite chambre de méditation. Nous les croyons, parce que nous n'avons pas d'autre choix. Et n'en voulons pas.

Dans mes souvenirs, cette période s'étale comme un nuage cotonneux. Je n'y distingue ni rupture ni tournant. C'est une période de souffrance, assurément, surtout à cause de mes parents. Bien qu'ils soient parfaitement installés dans leur nouvelle maison, ils ne cessent de se battre. Et, invariablement, ils m'appellent. Je joue un rôle fortement modérateur auprès de mon père. Aussi, dès qu'un conflit les oppose, mes parents se tournent vers moi comme on s'accroche à une bouée, en pensant que leur fille va les sortir de l'ornière et rétablir le calme sous leurs fronts ombrageux. Je ne pourrais dire combien de fois j'ai dû abandonner le couvent en catastrophe et descendre, toutes affaires cessantes, pour régler leurs bagarres. Au bout d'un moment, j'ai arrêté de compter... Chaque fois, c'est le même schéma : mon père perd son sang-froid pour une bêtise, il devient enragé, et s'en prend à ma mère. Ce n'est pas tant qu'il la batte beaucoup : il préfère désormais le harcèlement psychologique, les insultes, le dénigrement, les moqueries, les objets brisés. En larmes, elle finit par m'appeler : quand je suis là, mon père s'apaise presque immédiatement. Et si je passe trois jours à la maison, aucun incident ne survient. En ma présence, il se montre toujours charmant.

Je souffre énormément de cette situation. Et je m'en ouvre beaucoup à mon maître. J'ai l'impression d'avoir deux enfants turbulents sous ma responsabilité, qui s'étripent sitôt que j'ai le dos tourné. C'est comme si j'étais devenue l'unique adulte de cette famille, celle qui doit, toujours, se montrer sage et posée, intelligente et bonne, rationnelle pour tous. Cela m'épuise. D'autant que le voisinage jase et que je sais très bien qu'il arrive que notre famille soit l'objet de commérages. Les vieilles pies du quartier trouvent dans les cris de ma mère et dans les colères de mon père de parfaits sujets de conversation. Cela m'affecte beaucoup. Mon maître m'écoute et tente de me calmer, il pose sa main sur ma tête et la caresse doucement, avec toute la bonté et la compassion du monde. Son soutien sans faille me libère d'un poids trop lourd pour moi. Souvent, il m'arrive de pleurer à chaudes larmes, prosternée à ses pieds. Il me console avec douceur.

— Dis-toi que tu as de la chance de pouvoir t'occuper d'eux. Tu n'es qu'à une grosse heure de route de leur maison, rien ne t'empêche de t'y rendre aussi souvent que nécessaire. N'oublie jamais que ton père n'est pas un tyran, c'est un être malade, victime de ses émotions.

— Vous aussi, vous êtes malade, et j'aimerais tant m'occuper de vous davantage.

— Tu fais déjà beaucoup, Chöying, ne t'inquiète pas pour cela et pars rejoindre tes parents l'esprit tranquille.

Grâce à mon maître et à l'âge, sans doute, je sais que je gagne en sagesse. Je n'ai jamais eu l'impression d'« être arrivée ». Mais mon comportement change. Je me rends compte que je peux, moi aussi, aider les autres. La compassion est une étape, la capacité de libérer les autres de leurs souffrances en est une autre. J'y suis prête. Je me connais et m'aime mieux et, par ricochet, je suis plus apte à aimer les autres. J'ai entendu parler de psychanalyse. Je ne sais pas exactement ce que c'est, mais, pour l'avoir évoquée avec des amis étrangers, je crois que le travail que je fais avec mon maître s'y apparente, d'une certaine façon. En parlant, en comprenant les mouvements de mon esprit, mes emportements colériques comme mes soulèvements euphoriques, en acceptant d'être celle que je suis, en cherchant à éviter la souffrance, j'apprivoise mon âme. J'ai cessé de me battre avec la Méchante et les autres nonnes les plus revêches, car cela peine mon maître et je ne le souhaite pas.

— Mais comment fais-tu ? me demande un jour Ani Anga.

C'est un après-midi radieux, et, comme presque tous les jours, je suis en train de travailler mon anglais. Dès que j'ai un moment, je fais des exercices, inlassablement. Je désire parler cette langue, et je l'apprends quasiment toute seule. Ce jour-là, je suis en train de lire un roman-photo que m'a donné une hôte irlandaise. Je l'adore, parce que cela parle d'amour et qu'avec les images j'ai l'impression de tout comprendre. Ani Anga est toute rouge, pleine de fureur contenue. Elle se jette contre moi dans l'herbe où je suis allongée. Une des nonnes a refusé de lui donner du riz pour cuisiner. Elles se sont disputées, et très mal parlé. Mon amie vient souvent me demander conseil. Je voudrais parfois lui dire qu'elle ne devrait pas me prendre pour modèle, mais je suis la preuve que l'on peut changer. Et puis, je sais que je l'amuse, moi qui suis toujours gaie, pleine d'énergie, toujours prête à danser et à chanter. Je n'ai jamais été une nonne très traditionnelle !

— Nous sommes les uniques artisans de notre bonheur. On ne peut jamais empêcher un malheur ou une contrariété d'arriver. En revanche, on peut choisir la façon d'appréhender ce désagrément. Tu es la seule, Ani Anga, à posséder ce pouvoir. Aime-toi, connais-toi, et le reste viendra.

— Je trouve cela si dur...

— Je sais, mais tu verras, c'est une habitude. Si quelqu'un te provoque, au lieu de te laisser glisser vers la haine, demande-toi ce qui t'apportera le plus : la colère, ou l'indifférence ? Quel est le bénéfice dans les deux cas ? Regarde la vie comme un homme d'affaires appréhende un nouveau marché. As-tu un intérêt à aller sur ce secteur ? Peux-tu en tirer profit, gagner plus de bonheur, t'épargner plus de souffrance ? Si la réponse est « non », tu t'abstiens. C'est simple !

Ani Anga rit toujours beaucoup, lorsque je lui sors ma « théorie du business ». Je plaisante avec elle, mais en réalité, je suis tout à fait sérieuse. Je regarde ma vie sous un angle nouveau. Mon existence s'écoule, plus sereine.

En même temps, bien que je me refuse à y penser, je sens croître le danger. La famille de mon maître est venue vivre avec nous : ses six fils, ses petits-enfants, même ses belles-filles. Inconsciemment, une part de moi a dû comprendre que le compte à rebours était amorcé. Mon cœur n'y croit pas du tout, mais mes yeux et mes oreilles distinguent bien des changements. La nuit, je dors sur un petit lit parallèle au sien, installé contre le mur opposé. Inutile de dire que mon sommeil est agité. Mon maître respire bruyamment, il a de l'eau dans les poumons qui voile son souffle par crises. Je comprends que tout le monde a peur qu'il ne meure.

— Qu'est-ce qu'on fait, alors, avec tous les visiteurs ?

Nous sommes réunis à quatre dans ma chambre, Andreas, moi et deux autres nonnes. Des disciples, mais également des maîtres bouddhistes très réputés, sont venus du Népal et des quatre coins du monde, d'Inde, d'Allemagne, du Brésil et même des États-Unis, pour rendre hommage à Tulku Urgyen Rinpoché et lui montrer leur respect. Pourtant, les médecins déconseillent les visites, pour ne pas le fatiguer. Les maîtres bouddhistes sont autorisés à le voir, mais il faut trouver une solution pour les autres visiteurs.

— Ces gens ont voyagé de loin afin de me rencontrer. Qui suis-je, pour recevoir un tel honneur et ne pas, au moins, les accueillir ? Je désire connaître chaque personne qui a fait l'effort de monter jusqu'à Nagi Gompa pour saluer un pauvre homme comme moi ! Je ne veux pas les décevoir.

Mon maître ne peut pas imaginer ne pas donner de son temps à ceux qui se sont déplacés jusqu'à lui. Son humilité n'a d'égale que sa bonté. Jusqu'à présent, nous avons permis et organisé ces visites. Mais nous devons obéir aux ordres du corps médical. Même s'il ne semble pas avoir changé, nous devons respecter les connaissances de la science. Il faut aménager l'emploi du temps de mon maître et éviter de le fatiguer.

— Pourquoi ne laissons-nous pas les gens monter sur le toit, et le regarder par la fenêtre ?

L'idée m'est venue brutalement, émergeant des brumes de mon cerveau fatigué. La salle de méditation de mon maître est dotée d'une grande baie vitrée, qui donne sur toute la vallée, mais aussi sur une sorte de terrasse. Le soleil se lève juste en face du lit de Tulku Urgyen Rinpoché. C'est un endroit exceptionnel, baigné de lumière. Les rayons se reflètent dans les nombreuses dorures des tapisseries et des objets rituels. J'aime beaucoup cette pièce, mais on ne peut guère y tenir à plus de six. À travers les vitres, les visiteurs pourront au moins le voir, à défaut de le toucher.

— Tu penses vraiment que les disciples qui ont fait le voyage de si loin vont apprécier d'être cantonnés derrière une vitre ?

Andreas a raison, mais nous n'avons guère le choix.

Les fils de Tulku Urgyen Rinpoché tranchent, et cette solution est choisie. Le procédé est un peu curieux, car, de l'extérieur, la baie ressemble à une sorte de vitrine. Mon maître, plusieurs fois par jour, se lève et se met debout derrière la fenêtre, afin de se montrer à ses fidèles. Le spectacle est étrange, un peu dérangeant, mais permet de donner satisfaction à tout le monde. Je regarde cela de loin, avec une sorte de gêne indéfinissable. De fierté aussi, même si je ne devrais pas être si arrogante : moi, j'ai l'immense chance de pouvoir passer chaque dixième de seconde à ses côtés, et j'en apprécie chaque poussière de temps.

Aujourd'hui, je me rends compte qu'à cette époque tout le monde se préparait au départ de Tulku Urgyen Rinpoché. Se familiarisait, chacun à sa manière, avec sa fin. Faisait ses propres petits arrangements avec la mort, pour la laisser entrer dans sa vie avec le moins de dégâts possible. Pas moi. Pas du tout. Je m'employais avec application à faire comme si de rien n'était, comme si tout cela était normal, sans qu'il y ait de raison de s'alarmer. C'est sans doute pour cela que sa mort a été un tel choc, une onde sismique qui m'a laissée KO.

11

Seule

Cette nuit-là, j'ai fait un rêve. Je ne l'oublierai jamais. Aujourd'hui encore, lorsque je le raconte, son souvenir est si vivace que j'ai le sentiment de le revivre. Je suis chez mes parents, dans la salle de prière, là où l'on m'a installé un lit. Je dors, il doit être 5 heures du matin. Je rêve que je vole. Je suis en haut d'une colline, et je comprends que je peux me transformer en ce que je veux. J'hésite un peu, et je décide de prendre l'aspect de Garuda, un oiseau de la mythologie hindoue et bouddhiste, mi-homme, mi-vautour, dont le nom veut dire « Verbe ailé », en sanskrit. Je suis en haut d'une montagne, et je me retourne pour apercevoir des ailes dans mon dos, ces ailes dont j'ai tant de fois guetté l'apparition, adolescente, durant mes séances de méditation. Elles sont là, splendides, douces et blanches, palpitantes dans la brise, prêtes à me porter. Elles sont incroyablement brillantes, et me donnent un sentiment de force que je n'ai jamais ressenti jusqu'alors. Je survole le Bhoutan, je vois les petites lumières des habitations sous moi. J'entends le bruissement du vent qui s'engouffre dans les plumes et provoque une sorte de chuintement, avec la vitesse. Je m'amuse à descendre et à monter, je m'approche des gens qui me désignent du doigt en prononçant des mots que je ne comprends pas, je ne sais pas s'ils sont effrayés ou admiratifs. Je me sens forte et incroyablement chanceuse. C'est la joie qui me réveille : j'ai le cœur gonflé à craquer. J'ouvre un œil, et durant un très court instant, je ne sais plus où je suis. Mais la réalité me rattrape. Je dors chez mes parents ce jour-là, et le téléphone, situé juste à côté de moi, résonne dans la nuit.

— Il est parti. Je pense que tu devrais venir maintenant.

La voix de Tsoknyi Rinpoché, l'un des fils de mon maître, est sans timbre à l'autre bout du fil. Mon cœur se vide. Je reste là, sans réaction, le combiné pendant au bout de ma main sans vie, durant un temps indéterminé. Je ne sais pas quoi faire, aucune idée ne me vient à l'esprit. C'est une sonnette qui résonne au rez-de-chaussée qui me tire de ma torpeur. Ma mère entre doucement dans la pièce, elle est en chemise de nuit. Chokling Rinpoché, un autre fils de mon maître m'attend au monastère de Bodnath pour rejoindre Nagi Gompa en voiture. Une vingtaine de minutes plus tard, je suis dans la Jeep du monastère, conduite par un moine. Personne ne parle. Je repense à la dernière fois que j'ai vu Tulku Urgyen Rinpoché. Il était sur son lit, assis. Il avait recouvré des couleurs, réussissait même à manger. Il m'avait demandé quand je finirais le petit bonnet de laine que j'étais en train de lui tricoter. Nous avions ri, et je me souviens m'être dit qu'il avait vaincu la maladie. Oui, j'ai pensé à ce moment-là qu'il était guéri.

Deux heures plus tard, lorsque j'entre dans sa chambre en me prosternant, je le retrouve dans la même position, celle que je lui ai vu adopter des milliers de fois : les jambes en tailleur, les paumes retournées vers le ciel, posées sur les genoux, les yeux mi-clos. Je m'approche de lui, et esquisse un mouvement de mon front vers lui, comme nous le faisons toujours. Je comprends pourtant que, cette fois, il ne se penchera pas vers moi pour que nos deux têtes se rencontrent en un salut muet. C'est arrivé. Il est mort à soixante-seize ans, le 13 février 1996. Instinctivement, pourtant, ma main se pose sur la sienne. Elle est chaude ! Il n'est pas mort, ils se sont trompés. Une vague de colère qui puise sa force dans un espoir fou m'étreint. Ils ont menti : il est vivant ! Je me tourne vers Chokling Rinpoché, qui me fixe avec une certaine tendresse.

— Oui, je sais, Chöying… C'est le *thukdam* : il est encore en train de méditer. Chut…

Les bouddhistes tibétains pensent que les très grands maîtres sont capables, une fois décédés, de continuer de vivre à travers le seul esprit. Leurs poumons peuvent bien cesser de respirer et leur cœur de pomper le sang, leur âme, elle, est toujours active. Tout cela est trop confus pour moi. Je me retourne et jette un œil aux moines rassemblés à côté. Les gens pleurent, sans retenue. Mais pourquoi, s'il n'est pas mort ? Je suis en plein trouble, je ne comprends plus rien, ma tête bourdonne et semble enfermée dans un étau qui se resserre encore un peu plus. Je ne sais même pas si je dois avoir de la peine. Quelques larmes coulent doucement le long de mes joues, mais elles sont plus le signe d'un trop-plein d'émotions, quel qu'il soit, que de peine. Je ne ressens toujours rien, si ce n'est l'impression d'être en suspens. Instinctivement, je me lève et je vais dehors. Je laisse la porte ouverte. Le soleil se lève, il fait frais. Le temps est comme dilaté. L'air a quelque chose de particulièrement propre. Je ne pense plus.

Les heures qui suivent se mélangent dans ma mémoire comme un magma de scènes décousues. Je me souviens de tout, mais de manière globale. Impossible de distinguer la peine, l'agitation, l'abattement, la fatigue. Ce dont je suis sûre, c'est que, quelques jours plus tard, je suis à Katmandou, dans les rues de notre quartier de Bodnath. Le corps de mon maître a été descendu à la ville, afin que toute la communauté bouddhiste puisse lui présenter ses hommages, car Nagi Gompa est très difficile d'accès. Un long cortège défile, sur le chemin duquel la foule présente des *khatas*, murmure des prières, allume de l'encens. La dévotion du public est grande. Les cérémonies mortuaires, pour un maître bouddhiste comme le mien, durent quarante-neuf jours. On a disposé son corps dans un tombeau de verre à l'intérieur de son monastère de Bodnath, et les gens défilent en silence pour le voir une dernière fois, avant la crémation. Tout le monde est là. Sauf mes parents. Je lutte, mais la déception est immense. Je lutte, mais je leur en veux terriblement. À la douleur de la perte inestimable de mon maître s'ajoute ce jour-là une épreuve supplémentaire. Au moment où j'ai le plus besoin d'eux, mes parents m'infligent le supplice de leur médiocrité. Je suis accroupie dans un coin de la chambre funéraire, recueillie. Un moinillon d'une dizaine d'années s'avance vers moi et me tire doucement par la manche.

— Ton frère est là, il veut te parler.

Je me redresse et je le vois. Il est en larmes.

— Que se passe-t-il, pourquoi es-tu ici, tout seul ?

— Tu dois venir tout de suite, papa est en train de frapper maman comme un fou !

— Mais pourquoi, que s'est-il passé ?

— Elle était ivre, elle boit depuis hier, il s'est énervé, et la tape en hurlant. Viens, sinon il va la tuer !

Je pensais que j'avais atteint les frontières du désespoir. La preuve que non. Cette nouvelle me fait l'effet d'un coup de poignard. J'avais des doutes, depuis quelque temps, sur ma mère. Je trouvais que son regard était parfois étrangement brillant ; ses joues, plus roses que d'ordinaire. Je l'avais déjà vue marcher en titubant, mais j'attribuais cela à la pénombre des rues de Bodnath. Son haleine, surtout, sentait l'alcool. Qu'elle prenne un verre de temps en temps ne me pose pas de problème. Mais qu'elle s'enivre comme une alcoolique et rejoigne mon père dans ses virées éthyliques, c'est une affliction dont je me serais passée. Je pense d'abord à me lever et à accompagner mon frère pour rétablir le calme à la maison. Mais je me ravise. Non. Leur comédie commence à sévèrement m'agacer. Marre d'être celle qui comprend, pardonne, passe l'éponge. J'abandonne. Je suis trop fragile en ce moment pour cela. On ne peut pas forcer les gens à être heureux, s'ils préfèrent se laisser emporter sans résister par une force qui les tire vers le bas. J'ai essayé, vraiment, de toute mon âme. J'aurais aimé être capable d'ignorer leurs faiblesses, de les accepter avec leurs limites. Mais je ne suis pas une sainte. Et maintenant que mon maître est mort, lui qui, à bout de bras, m'a tenue durant toutes ces années, m'a guidée vers la lumière, je sais que je ne saurais pas où puiser la compassion et l'amour nécessaires pour pardonner, encore une fois. Faut-il être égoïste, aveugle ou totalement idiot pour ne pas comprendre, instinctivement, qu'aujourd'hui j'ai besoin de paix ! Je donne tout pour les rendre heureux. Je les entoure d'un amour inconditionnel, je les soutiens moralement et matériellement, et, en réalité, c'est parfaitement inutile. Autant arroser un tas de sable. Ils me brisent le cœur. Ils disent m'aimer alors qu'en fait, ils n'en ont rien à faire de moi. Ils pensent sans doute être les seuls à souffrir, imaginent que je n'ai que cela à faire, m'occuper d'eux et m'inquiéter ? Je laisse tomber. Quand je pense à tout le temps que je leur ai consacré, alors que j'aurais pu être aux côtés de mon maître, qui, lui, m'aimait vraiment… La rage m'étouffe.

— Va, file, pars, va dire aux parents qu'ils ne m'attendent pas, plus jamais. Je jette l'éponge ! J'arrête de perdre mon temps avec eux, c'est fini. Leur bel amour, dis-leur de le garder pour eux. Je n'en veux plus !

Mon frère me fixe, interloqué. Il recule sans détacher son regard de moi, tourne brutalement les talons, et part en courant. Je m'assieds, soudainement épuisée. Les conversations se sont arrêtées, tout le monde a la tête tournée vers moi. J'ai horreur de me donner en spectacle, surtout un jour pareil, quand toute la société tibétaine est réunie. Pour cesser d'attirer l'attention, je me prosterne et tente de prier. La tête entre mes bras, j'essaie de recouvrer mon calme intérieur. Comme j'ai besoin de mon maître en cet instant ! Je vais monter dans le premier taxi venu et filer tout de suite à Nagi Gompa le retrouver… Ce réflexe, désormais absurde, a devancé ma raison. Depuis que j'ai treize ans, je suis habituée à me tourner vers mon maître dans les moments de doutes et de difficultés. Aujourd'hui que je traverse la plus dure des épreuves, je dois apprendre à faire sans lui. Vais-je y arriver ? Je me rends compte à quel point Tulku Urgyen Rinpoché me manque déjà. À quel point il m'accompagnait toujours, même lorsque nous étions séparés. Chaque fois que je partais loin, à Singapour par exemple, j'allais lui dire au revoir. Il me prenait la main, me regardait dans les yeux et me disait : « Surtout, ne m'oublie pas et sache que je suis toujours là pour te protéger… » Au Tibet, il y a un dicton qui dit : « Un moine de la taille d'un pouce a le pouvoir de protection d'un yak. » Oui, son pouvoir était immense, je l'ai toujours su. Lorsqu'il était vivant, je n'ai jamais eu le sentiment d'être seule, je savais que j'étais dans ses prières et que, grâce à lui, il ne pouvait rien m'arriver. Désormais, je me sens terriblement fragile. Je suis seule, face au monde, aux hommes et à moi-même. Je sais bien que je serai toujours bénie par son esprit, mais je dois aussi apprendre à prendre soin de moi.

Au bout de quarante-neuf jours survient la crémation, dans le monastère de Bodnath. Trois jours plus tard, avec quelques moines et des maîtres bouddhistes, nous nous rassemblons devant le *stupa* qui a accueilli son corps au moment d'être brûlé. Nous devons récupérer ses cendres. Un des maîtres ouvre délicatement la porte du four. Je retiens mon souffle. Au milieu d'un tas de cendres grises, un crâne, posé parfaitement droit. Ses orbites vides semblent me fixer. J'ai un mouvement de recul. Le crâne de mon maître n'a pas brûlé. Un frisson me parcourt l'échine et je sens, malgré la chaleur, un filet de sueur glacée dégouliner le long de ma colonne vertébrale. C'est à cet instant que je craque. Les sanglots si longtemps réfrénés m'attrapent la gorge et se répandent violemment, à la manière d'un barrage qui finit par céder. Je pleure comme jamais. Je crie mon désarroi, ma peur, mes craintes, mes déceptions, tout se mêle et m'emporte. C'est maintenant seulement que je comprends que mon maître est mort. « Tu es seule, tu es seule… » Je ne pense que cela. Je me sens abandonnée, comme une enfant qui a perdu sa mère dans la foule et cherche, paniquée, un visage connu, une main charitable qui lui signifiera : « Ne t'inquiète pas, je suis là. » Mais personne ne vient.

Quand je sors de ma torpeur, les joues à vif, desséchées par les larmes, les yeux gonflés, tout le monde a quitté les lieux. Une bonne âme a pensé à allumer une petite lampe dans un coin de la pièce. La porte du four est close, et recouverte d'un drap brodé. Je frissonne. Ma chemise est humide et glacée : j'ai dû beaucoup transpirer. Je m'agenouille, et m'appuie sur ma cuisse en accomplissant un effort disproportionné. Je suis endolorie comme après un combat. Mon âme est hébétée de douleur et d'angoisse. Je fonctionne au ralenti, au moment où j'aurais le plus besoin de toutes mes capacités, physiques et intellectuelles. J'essaie de réfléchir, mais je ne suis pas plus vive qu'un sac de terre. Je me sens incroyablement lourde. Jamais, de toute ma vie, je n'ai été si malheureuse. Et si seule. La nuit est tombée, je regagne ma chambre du monastère de Bodnath qu'un ami moine m'a prêtée le temps des cérémonies. Je marche, sans savoir comment, à travers les allées. Mes jambes me portent. Le reste est effondré.

Ce jour est l'un des plus tristes de ma vie, et je ne l'évoque qu'avec de très fortes réticences. Je ne sais pas comment en parler. Je n'y tiens pas trop, en fait. Aucun mot n'est adapté. Et même si tout le monde a déjà eu à affronter la mort d'un être essentiel à sa survie, personne ne peut vraiment en partager la douleur. Le deuil est une aventure solitaire.

12

Redémarrer

Une puce grimpe sur mon bras et je résiste à la tentation de la tuer. Mes jambes sont déjà pleines de croûtes : je ne peux m'empêcher de gratter les petits boutons provoqués par ces horribles insectes. Si je ne réagis pas, elle va finir par me mordre. Je l'attrape délicatement, la dépose à côté, sur le sol, avec le sentiment d'être héroïque : être bouddhiste demande parfois beaucoup de self-control.

Je suis allongée sur mon lit, je rêvasse. Je suis chez mes parents, dans une chambre qu'ils m'ont donnée. Finalement, j'ai cédé à leurs suppliques et je suis retournée vivre chez eux. Durant les quelques semaines passées au monastère de Bodnath, j'ai reçu leur visite à plusieurs reprises. Ma mère seule, puis mon père, puis mon oncle, puis mes deux parents ensemble. Chaque fois, des excuses, des larmes, des atermoiements. Rien qui n'ait ébranlé ma volonté. Je sais qu'en ville certaines connaissances commencent à jaser, mais je m'en moque : je ne veux pas retourner chez eux. La seule personne qui m'aimait sincèrement est morte, alors que valent des parents dans ces conditions ? Je ne veux pas retourner à Nagi Gompa non plus. Pas la force d'affronter la Méchante.

Au monastère de Bodnath, je suis dans un entre-deux confortable, en dehors de la réalité de la vie. Je dors, je prie, je ne parle que très peu, on ne me pose pas de questions, on ne m'oblige à rien. Un jour, alors que je reçois une nouvelle visite de mes parents, je les rejoins, lasse, prête à n'écouter leurs regrets que d'une oreille. Ma mère est assise à côté de mon père, elle tord nerveusement ses mains sur sa longue robe traditionnelle. Elle me jette un œil d'animal un peu effrayé, les larmes prêtes à déborder. Mon père, lui aussi, a une mine affreuse.

— Chöying, rentre s'il te plaît, reviens avec nous, laisse-moi m'occuper de toi... Je t'en supplie ! Je te promets que je ne boirai plus jamais, je te le promets, tu entends ?

— Et moi, je te promets de ne plus battre ta mère, je ne sais pas comment me faire pardonner... Cela n'arrivera plus, viens, tu verras...

Leur acharnement à me faire revenir chez eux a fini par me toucher. De toute façon, ils sont mes parents, je ne pourrai jamais les ignorer éternellement, ni garder en moi, grondante, toute cette colère contre eux. Je décide de leur accorder encore une chance et de faire confiance à ma mère. J'ai eu raison : elle a tenu parole. Au fond de mon cœur, une petite voix me souffle de ne pas croire mon père. Je lutte pour la faire taire. Sans succès. Mon instinct ne s'est pas trompé : l'avenir m'en a donné la preuve...

Je suis donc rentrée chez mes parents, un matin,

quelques mois après la mort de mon maître. La vie a repris son cours, dans une vague somnolence. J'aide mes parents autant que possible : je cuisine, je lave, je range, je m'occupe de tout. C'est encore ce que je sais faire le mieux... Mais dès que l'agitation du ménage retombe, je m'affale sur mon lit ou dans le canapé, l'esprit vide. Je n'ai envie de rien. Je ne mange que très peu, par obligation, sans appétit ni plaisir. Moi qui ai toujours été coquette, je m'habille avec ce qui me tombe sous la main, peu importe que ce soit propre. Quelle importance ? Plus rien n'a d'intérêt pour moi.

— Ma chérie, mais quelle tête affreuse tu as, qu'est-ce qui t'arrive ? Tu as pris un sacré coup de vieux, dis-moi, regarde-toi... Où est passée ma jolie petite nonne préférée ?

Andreas est venu me rendre visite et je comprends en l'écoutant que, chez lui, l'amitié n'implique pas de recourir à de pieux mensonges. Parfois, j'aimerais qu'il soit un peu plus hypocrite... Lui ai-je déjà dit, moi, que son surnom était « Nareng », ce qui signifie « Narine », tant son nez est imposant ? Depuis la mort de mon maître, lui aussi est descendu vivre à Katmandou. Nous nous voyons souvent, mais jamais il ne m'a critiquée sur mon physique. Je me laisse aller tant que ça ? Je décide de ne pas lui répondre. De toute évidence, mon avis lui importe peu : il poursuit.

— Chöying, tu dois réagir. Je pars en vacances en Allemagne le mois prochain. Tu devrais m'y rejoindre pour te changer les idées. Et cela nous ferait du bien de passer du temps ensemble. Viens, fais-moi confiance.

Quelques semaines plus tard, je m'envole pour l'Allemagne. Ce séjour m'oblige à remonter en selle. Entre les balades dans la nature, les discussions amicales, les bons repas, les séances shopping, je me refais une santé. J'en avais besoin. Je ne sais pas si j'étais à proprement parler en « dépression », mais je n'étais plus moi-même. Moi, toujours active, avide de découvertes, je n'avais plus goût à rien. Lorsque je retourne finalement au Népal, je me sens mieux, j'ai de nouveau des envies. Et la plus importante de toutes, que je m'empresse de satisfaire : apprendre à conduire.

Oui, c'est une voiture qui me fait redémarrer ! J'ai toujours aimé les voitures, les Jeep, de préférence. Sans doute parce que la première fois que je suis allée à Nagi Gompa, c'était sur le siège arrière de la Jeep verte de Sonum Gyurmey, ce jeune moine qui nous avait transportés, mon père, mon oncle et moi. Je veux conduire, pas tant parce que j'en ai besoin, mais parce que je veux me distinguer. Faire quelque chose de marquant et d'inhabituel. Je suis une femme, je suis une nonne et, malgré tout cela, je vais conduire ! On peut prendre ça pour de la provocation, je crois que je veux surtout m'affirmer et exister. À l'époque, au Népal, il n'y a pas d'auto-écoles, comme en Occident. Chacun se débrouille pour apprendre. Je m'adresse à un chauffeur de taxi de ma connaissance. N'importe qui a le droit de conduire. Mais, visiblement, je ne suis pas n'importe qui. Les réactions ne se font pas attendre.

— Tu sais que tout le quartier ne parle que de toi !

Ma mère rentre des courses, et elle ne cache pas son amusement. Certaines de ses amies m'ont vue dans un taxi… à la place du conducteur. Apparemment, elles n'en sont pas revenues. Durant dix jours, contre un peu d'argent, le chauffeur joue les moniteurs. Les passants nous regardent avec stupéfaction. Une nonne au volant, la chose ne s'est encore jamais vue, ici. Je sais, cela surprend souvent, mais j'ai été la première nonne à conduire au Népal, en 1996 ! Il faut un début à tout : être pionnière ne me dérange pas, au contraire. Et si les commentaires vont bon train, peu importe : qui peut se targuer d'être indépendant tout en devant, pour le moindre de ses déplacements, en référer à autrui ?

Je m'achète une Jeep Suzuki noire, magnifique, petite et costaud comme moi. C'est une Malaisienne qui me l'a vendue, un bon prix. Je roule et je sème dans mon sillage la stupéfaction, la curiosité et aussi, je crois, une certaine sympathie chez les moines conservateurs. Moi, je suis fière et excitée comme une enfant ! Le plus dur, au début, ce sont les démarrages en côte. Me garer, aussi : à Katmandou, il n'y a pas de parkings comme en Europe ou aux États-Unis. Il faut être capable de s'insérer entre une charrette, une vache, une vieille moto, dans la boue souvent, en plein tournant parfois, avec la moitié de la rue qui vous guide en criant et multiplie les informations contradictoires… La conduite au Népal obéit à des lois assez sauvages qui exigent une maîtrise parfaite du volant ! Et beaucoup de patience. Je possède la première des qualités : je slalome avec pas mal d'adresse. Mais la seconde me fait parfois défaut, je l'avoue. L'inconscience des piétons, qui traversent les rues comme s'ils étaient seuls au monde, les vélos qui changent de file sans regarder autour d'eux, les scooters chargés de quatre personnes agglutinées en grappe sur les selles défoncées, qui menacent de se renverser à chaque tournant, me font sortir de mes gonds. Et puis, j'apprends à me contrôler : après tout, cela ne vaut vraiment pas la peine de se mettre en colère et de gâcher sa bonne humeur pour des inconnus qui ne savent même pas que vous existez, encore moins qu'ils vous agacent. Et qui, s'ils s'en rendaient compte, s'en ficheraient royalement !

Un jour, je monte au couvent au volant de ma voiture. Même si je n'y passe plus beaucoup de temps, je continue de considérer Nagi Gompa comme mon foyer et je rends régulièrement visite à mes amies les plus chères. Ma Suzuki garée en haut de la colline suscite toujours des commentaires acides. La Méchante ne fait plus guère d'efforts, depuis que mon maître n'est plus là. Elle sait bien que je n'ai plus de protecteur. Non que j'en aie besoin : je sais parfaitement me défendre seule. Mais, ce jour-là, je prends conscience à quel point je ne supporte plus cette ambiance où le fiel se mêle à l'envie. Psychologiquement, cela m'épuise. Même si j'ai pitié pour elle, je me sens salie par ses mesquineries, j'ai besoin de baigner dans un environnement plus positif. Ici, je détonne. Je ne sais plus vraiment où est ma place. J'ai parfois le sentiment de perdre mon temps. Je pense pouvoir être plus utile ailleurs. Et c'est cela dont j'ai envie : être utile. Pas me chamailler idiotement. Brusquement, l'idée s'impose avec force : je dois partir. Mon avenir n'est plus ici. Tant que mon maître était là, ma vie était à ses côtés. Depuis qu'il est mort, voilà près d'un an, j'ai mis ma vie sur pause, et cela ne peut plus durer. Désormais, à vingt-six ans, je suis en attente d'un nouveau départ. Et je quitte brutalement le couvent, après plus de douze ans. Douze ans, presque la moitié de ma vie... Je pars, au volant de ma Jeep, avec mes rares affaires. Triste, certes, mais avec la certitude que je suis mon destin. Je sais que j'appartiens à Nagi Gompa pour toujours. Pas besoin d'y vivre pour cela. Mon cœur, mon âme garderont toujours une parcelle dans ce coin de paradis.

Posséder ma voiture m'a ouvert une nouvelle voie, littéralement. J'ai l'impression que je tiens enfin les rênes de ma vie : je sais conduire et me conduire, dans tous les sens du terme. Moi qui, durant si longtemps, ai obéi aux désirs des autres, je sens qu'il est temps de devenir actrice de mon existence. J'ai besoin de donner un sens à mes actes et à ma vie. Leur donner une valeur. Durant tant d'années, j'ai dû m'occuper de moi, soigner mes blessures d'enfance. Aujourd'hui, je comprends que je suis guérie. À moi désormais de rendre ce que la vie m'a donné. Je me sens capable de faire le bien autour de moi, pas seulement auprès de mes parents, mais aussi de tous ceux qui en ont besoin. Pour cela, je suivrai ma méthode, et qu'importe si elle déplaît à certains. Car j'ai une certitude : il est temps que j'aille affronter le monde.

13

En tournée

Steve a donc tenu parole… Assise sur mon lit, dans ma chambre, chez mes parents, un paquet en kraft solidifié à grand renfort de Scotch brun ouvert sur mes genoux, je fixe incrédule le CD que je tiens en main. Mon CD. Le premier d'une longue série. Je figure en photo sur le coin droit de la pochette, une jolie photo légèrement floue, sur laquelle je ne regarde pas l'objectif, comme si je n'étais pas vraiment concernée. Et en effet, je me sens un peu dépassée, car si l'existence de ce disque, intitulé *Chö*, me fait plaisir, elle ne me transporte pas de joie non plus, dans la mesure où il a vu le jour comme par miracle, presque malgré moi.

Trois ans auparavant, en 1994, Andreas m'avait présenté un musicien de passage au couvent. Steve Tibbetts est américain, vit à Minneapolis. Il est grand et maigre, avec des yeux rêveurs ; il porte de toutes petites lunettes et une épaisse crinière de cheveux châtains frisés qui lui donnent un air d'éternel adolescent, même s'il approche de la quarantaine. Pour tout bagage, il voyageait avec un petit sac noir et une guitare, rangée dans un étui de cuir. Il la portait dans le dos, comme une extension de son corps. Andreas m'a glissé que Steve est musicien et a déjà signé dix albums. Nous avons lié connaissance en parlant de musique. Ses goûts sont très variés : rock, jazz et, surtout, musiques du monde. Il m'a avoué qu'il était amoureux des sons, de tous les sons. De Bali, en Indonésie, où il a enregistré beaucoup de sonorités, il a rapporté des instruments qui l'inspirent. Et moi, je l'écoutais me parler de sa passion et des nombreux pays qu'il avait visités jusqu'à ce qu'un jour Andreas lance dans un sourire fier :

— Il faut que tu entendes la voix d'Ani Chöying !

C'est comme cela qu'un matin, dans le jardin d'Andreas, j'ai chanté pour Steve. Cela m'apaise beaucoup de chanter. Je ne le fais pas pour l'art, mais uniquement pour mieux prier. Jusqu'à la fin de sa vie, mon maître m'a encouragée dans cette voie. Les dernières semaines, avant qu'il ne s'endorme, j'interprétais des mantras pour lui, et nous priions ensemble. Depuis qu'il n'est plus là, chanter me rapproche de lui. Aujourd'hui encore, chacun de mes refrains lui est dédié, car ils portent tous une part de lui. Steve, l'œil brillant, la respiration comme en apesanteur, m'a écoutée religieusement, dodelinant de la tête de droite à gauche, doucement. On aurait dit qu'il entendait des mantras pour la première fois.

— Ani, tu me laisses parler depuis des jours de ma musique et tu m'as caché ton don ! Quelqu'un t'a-t-il déjà dit que tu as une voix exceptionnelle ?

— Merci ! Tu me fais rire… Tout le monde chante ici, tu sais, je ne suis pas la seule…

— Sans doute, mais crois-moi, tu as quelque chose de particulier, j'en suis certain. Tu dois me laisser t'enregistrer.

J'ai accepté sans difficulté, surtout que j'avais déjà enregistré mes chansons, sur mon petit magnétophone, à titre d'exercice, afin de tenter de m'améliorer. Dans la chambre d'Andreas, je me suis livrée à quelques sessions d'enregistrement comme si c'était un jeu. Steve Tibbetts est rentré dans son pays avec ma voix sur une bande magnétique. J'étais contente, car il semblait vraiment heureux.

Des mois plus tard, j'ai reçu une cassette audio en provenance des États-Unis, accompagnée d'un simple mot : « Dis-moi ce que tu en penses. J'ai fait écouter ta voix à un producteur américain, il veut enregistrer un disque. Je reviens dans un mois, si tu es d'accord, on se met au travail. » Ce que j'en pensais ? Pas grand-chose, à vrai dire... J'avais même oublié cet épisode. À l'époque, mon maître commençait à être malade, mes parents ne cessaient de se disputer... J'avais d'autres soucis que d'enregistrer un CD ! Pourtant, le soir venu, j'ai glissé la cassette dans mon petit lecteur. Steve avait mixé ma voix avec sa guitare et des percussions. Le résultat m'a agréablement surprise. Je ne m'étais jamais entendue ainsi, accompagnée d'un instrument. Et, instinctivement, sans bien savoir pourquoi, je me suis rendue chez mon maître et lui ai demandé conseil, guettant sa réaction. Elle ne s'est pas fait attendre :

— Vas-y, c'est bien ! Que les auditeurs soient bouddhistes ou non, c'est une bonne chose que ces chansons spirituelles soient entendues du plus grand nombre.

Le processus était lancé. Quelques mois plus tard, Steve est revenu à Nagi Gompa. Chaque jour, durant une heure ou deux, généralement au moment du déjeuner et selon mon emploi du temps, je le rejoignais dans la chambre d'Andreas et nous travaillions. Avant chaque session, j'échauffais ma voix avec mon maître, afin de le faire profiter de mon chant. Ensuite, je retournais le voir, pour le tenir au courant. Ses commentaires me donnaient confiance, bien plus que tous les CD du monde. « Tu t'améliores », me dit-il un jour. Non seulement je l'ai cru, mais ses encouragements me motivaient encore plus pour bien faire. Au bout de quelques semaines, Steve est reparti dans son pays, son sac lesté de mes chants et le cœur gonflé d'espoir. Il avait l'air très content, le dernier jour, il m'a donné 2 000 dollars – une vraie fortune. J'étais très fière d'aller les offrir à mon maître.

— Garde cet argent, Chöying, tu en auras besoin. Bien plus que moi, tu sais. Merci, ma petite, tu es une bonne enfant...

— Mais c'est grâce à vous si j'ai gagné cet argent, c'est vous qui m'avez donné la confiance et l'envie !

— C'est toi qui as provoqué cela. Écoute, garde-les pour l'instant et nous verrons après.

Après... Mon maître savait bien, lui, ce que lui réservait l'après. À sa mort, symboliquement, j'ai offert 1 000 dollars pour les cérémonies funéraires en l'honneur de la mémoire de mon maître. Le reste a servi à planter un joli jardin à Nagi Gompa.

Voilà pourquoi quand, en 1997, ce CD m'arrive par la poste, je ne me sens pas vraiment concernée. Tout cela me semble si loin… Le souvenir des enregistrements du disque me plonge dans la nostalgie de cette époque bénie où mon maître était encore là pour m'écouter. C'est pour lui que j'avais envie de chanter. Le CD est accompagné, une fois encore, d'un petit mot : « Veux-tu partir en tournée américaine avec moi ? » Je ne réfléchis pas longtemps. Même si cette perspective m'effraie un peu, elle me semble aussi diablement séduisante. C'est une chance à saisir, je le sens… Et surtout, si je suis désormais habituée à voyager, à Taïwan, Hong Kong, Singapour, et même en Europe, je ne suis jamais allée aux États-Unis. Rien que pour cela, je vais accepter…

Quelques mois s'écoulent avant que Steve Tibbetts me donne de nouveau de ses nouvelles. Un jour, il me téléphone :

— C'est bon, Ani !

— De quoi tu parles ?

— On part en tournée, mon producteur a tout organisé, il a déjà planifié une vingtaine de dates à travers les États-Unis… On peut partir d'ici à trois semaines. Tu viens avec deux nonnes de ton choix, on répète deux semaines chez moi, à Minneapolis… Et… *On the road !*

Et ça se passe vraiment comme ça… Tout simplement. Steve aimerait emmener quatre nonnes, pour nous accompagner et interpréter les chœurs, mais il a un problème d'argent. Il me faut en choisir seulement deux. J'ai besoin de l'accord du fils de mon maître, Chökyi Nyima Rinpoché, mais également de son sentiment profond sur ce voyage exceptionnel. Lui aussi est un lama – un maître bouddhiste – très respecté. Comme je m'en doutais, il est enthousiaste. Tout ce qui permet de faire connaître la culture bouddhiste est une occasion à saisir.

Sita, une bonne amie, est plus difficile à convaincre. À travers ses lunettes ovales aux verres éternellement sales, elle me fixe d'un air incrédule. La proposition que je viens de lui faire la laisse bouche bée, littéralement. Je ne l'ai jamais vue aussi sérieusement inquiète. Elle qui rit toujours, du matin au soir, a perdu son joli sourire.

— Non, non, je ne veux pas, ce n'est pas possible, je reste ici, moi. Mais vas-y, toi…

— Non, Sita, je veux y aller avec toi, c'est une chance incroyable, que nous n'avons pas le droit de refuser ! De toute façon, c'est trop tard, j'ai déjà dit à Steve que tu étais de la partie.

Les yeux de Sita s'agrandissent encore un peu, paniqués. Ses doigts tripotent machinalement la médaille pieuse qu'elle porte autour du cou. Je ne l'avouerais pour rien au monde, mais moi aussi, j'ai le ventre serré comme un torchon qu'on viendrait d'essorer. J'ai tellement mal que je rêve de me plier en deux pour tenter de me calmer. Mais je serre les dents et je garde un visage qui se veut serein. J'ai déjà l'approbation d'une autre nonne, Sonam Wangmo, enchantée de l'aventure. Sita n'a jamais quitté Katmandou. Ses rires bruyants cachent une grande timidité et beaucoup d'humilité. Je finis par la persuader en lui donnant l'assurance que nous ne nous quitterons à aucun moment.

Nous atterrissons à Minneapolis un matin d'octobre 1998. Les feuilles des arbres sont magnifiques, rouges, orange, splendides. Il fait vraiment frais, mais nous sommes si heureuses que le rouge nous monte aux joues : impossible de savoir s'il est dû au vent ou à l'excitation. Pour moi, voyager est presque devenu une habitude. Mais mes amies vont de découvertes en surprises. Durant les neuf premiers jours, nous restons à Minneapolis. Nous devons répéter et, chaque matin, nous quittons la chaleureuse et bruyante maison de Steve : la femme de notre ami vient d'avoir des triplés, ce qui l'accapare énormément, évidemment. Sur le chemin qui nous mène au studio, mes amies ouvrent de grands yeux. Les rues sont désertes. Au Népal, les villes grouillent de monde, et même la campagne est animée. Ici, nous ne croisons que des voitures. Les zones industrielles s'étalent, désolées et dénuées d'humains.

— Mais je ne comprends pas, se décide à demander un matin Sonam Wangmo. Où sont les Américains ?

Steve part d'un grand éclat de rire.

— Chez eux ! Il fait trop froid, les gens ne sortent pas...

Pour dire vrai, nous nous ennuyons un peu pendant ces premiers jours passés aux États-Unis. À part pour travailler, nous restons à la maison. Steve, débordé, tente d'aider son épouse du mieux qu'il peut tout en s'occupant de nous. Nous mangeons des surgelés tous les jours. Sonam Wangmo et Sita sont effarées : nous n'avions jamais vu cela et n'imaginions même pas qu'en Amérique, les gens mangeaient de drôles de plats glacés... L'ambiance commence à se réchauffer quand nous parvenons à convaincre Steve de nous emmener au supermarché. Nous avons besoin de nous alimenter correctement ! J'ai déjà vu des grandes surfaces à Singapour. Mais, pour mes amies, il s'agit d'une première. Elles déambulent dans les allées, incrédules, touchent tous les produits qu'elles peuvent, remplissent en riant leur chariot. Ce soir-là, c'est Sita, excellente cuisinière, qui se met aux fourneaux, et nous offre un festin qui nous laisse tous, y compris Steve et sa femme, béats. Et repus.

La tournée en elle-même débute enfin. Épuisante bien sûr, extraordinaire évidemment. Nous commençons par New York, qui nous ravit : enfin de la foule dans les rues… Les Américains existent donc bien ! En un mois, nous donnons plus de vingt concerts. Nous faisons des heures de route, en minibus, jusqu'à vingt-sept heures d'affilée, pour aller du Massachusetts au Minnesota. Notre équipée comporte six personnes : les trois Népalaises, Steve, Marc Anderson, un ami depuis des décennies, percussionniste et passionné de musique expérimentale également, ainsi que Cody, le frère de Marc. Nous dormons dans des hôtels et des motels, la plupart du temps. Steve et Marc échangent beaucoup sur leur musique. Nous, les nonnes, nous découvrons, un peu stupéfaites parfois, ce drôle de pays qu'est l'Amérique. Mes amies sont un peu impressionnées : les autoroutes, les restaurants, les éclairages, les yeux ronds des spectateurs, qui ne peuvent s'empêcher de nous dévisager, fascinés par nos robes bordeaux, nos bras nus et nos crânes rasés… Sita et Sonam Wangmo les observent au moins autant qu'ils le font : c'est ce qu'on appelle le « choc des cultures » !

Nous jouons partout, dans des églises, des salles de concert, des maisons de la culture, des festivals de musique. Notre public est composé de catégories diverses : jeunes, vieux, bouddhistes, catholiques, protestants. À l'inverse de Steve, d'un caractère anxieux, je ne suis jamais stressée. Une fois que ma décision a été prise, cette tournée s'est passée dans la plus grande sérénité. Je chante comme je l'ai toujours fait, avec la même émotion que d'ordinaire, pas plus, assise en tailleur sur une petite estrade, mes livres de prière ouverts sur une table basse, les yeux clos. Ce qui est difficile, c'est de chanter avec des musiciens, car je n'en ai pas du tout l'habitude. Il m'arrive de perdre le fil, ce qui agace Steve, qui ne cesse de me répéter : « Ensemble, nous devons jouer ensemble ! » J'essaie de lui faire comprendre que la beauté des chansons spirituelles m'emporte. J'ai toujours chanté en toute liberté, et devoir m'adapter à d'autres me déstabilise. L'expérience venant, je finis par m'habituer. Lui aussi. Ma voix et ses instruments se mélangent, je ne saurais dire comment. Il est respectueux de nos chants, parfois on ne l'entend pas du tout, puis un accord discret émerge, il s'immisce dans nos silences, rebondit sur nos notes les plus intenses. Ces sessions sont à la fois émouvantes et naturelles.

J'aime que ma voix soit accompagnée de la guitare acoustique de Steve, et des percussions de Marc. J'aime également que ce public qui, dans sa grande majorité, ne connaît rien ou si peu du bouddhisme, s'y initie à travers nos chansons et soit touché, lui aussi, même s'il ne comprend pas les paroles. Entre deux morceaux, je parle beaucoup, justement pour expliquer ce que signifient ces prières, d'où elles viennent. Certaines d'entre elles datent du XIe siècle et cela impressionne beaucoup les Américains. Steve et moi, nous prenons alternativement la parole, toujours très naturellement. Nous remportons un certain succès...

— Regarde, Ani, nous avons un article dans le *Philadelphia Inquirer* !

— Que disent-ils ?

— Je cite : « Écouter ce groupe chanter est comme assister à la création d'une chose fragile et miraculeuse »...

Steve semble aux anges. Il en oublie de boire son café, et reste là, sa tartine beurrée suspendue au-dessus de son bol. Je le regarde en souriant : sa joie me rend heureuse. S'adressant à Marc, il poursuit en rigolant et en appuyant fortement sur certains mots :

— « C'est dans un couvent du Népal que Tibbetts a rencontré "la Voix". Cette performance vocale nous vient du fond des siècles, elle est magnifique, contemplative, et nous parle d'altruisme, de confiance en soi. "Au Népal, nous pouvons chanter toute une journée sans interruption, pour parvenir à l'harmonie parfaite. Mais ici, les gens semblent avoir moins de temps. Alors on ne vous en propose que quatre-vingt-dix minutes !" plaisante Chöying Drolma. » Fin de citation !

Dès le début, j'ai aimé donner des interviews. Et c'est pendant l'une d'elles que j'ai formulé concrètement une idée que je gardais au fond de moi depuis longtemps. C'est ce printemps-là que je décide de fonder une école pour les nonnes népalaises. Et c'est ce printemps-là que je comprends qu'il me faudra trouver beaucoup d'argent pour le faire. Une journaliste américaine, à la fin de son interview, me demande :

— Et quel est votre rêve aujourd'hui, Ani Chöying ?

— Créer une école pour les nonnes du Népal !

C'est sorti comme cela, spontanément. Pour être honnête, l'idée me trottait dans la tête depuis un certain temps. Le manque d'éducation des petites filles népalaises et tibétaines m'a toujours choquée, révoltée, même. Moi qui suis allée quatre ans à l'école, je fais figure d'exception. J'étais très bonne, alors j'ai sauté plusieurs classes, ce qui m'a permis d'avoir des rudiments dans beaucoup de matières, même en algèbre et en art. C'est une chance que j'ai eue grâce à mon père. Ma mère avait appris à lire auprès de mon grand-père et s'en sortait mieux que son mari. L'éducation, au Népal, reste un point faible. L'enseignement public, presque gratuit, y est d'un mauvais niveau. La population masculine sait compter dans la vie courante, maîtrise une poignée de mots anglais et peut écrire le népali, en gros. Quant aux filles…

À Nagi Gompa, 90 pour cent des nonnes ne savent pas parfaitement lire et écrire. Elles savent déchiffrer les textes sacrés, parce qu'elles les ont sous les yeux depuis des dizaines d'années, mais elles ne peuvent ni les reproduire ni les épeler. La majorité de l'opinion estime que c'est bien suffisant pour elles : quel est l'intérêt pour une nonne d'être plus instruite ? Ce n'est pas nécessaire ! Dans la culture tibétaine, il est normal d'être au service de son maître et du monastère. Et lorsque l'on n'a aucune éducation, aucun savoir à lui donner, la seule chose que l'on puisse apporter à la communauté, c'est sa force de travail physique. Les rôles se sont répartis ainsi. Aux hommes l'instruction, aux femmes le ménage... Car les moines, eux, en revanche, sont des puits de science. Enfant, je les admirais tellement ! Ils lisent toute la journée, détiennent un savoir encyclopédique et, de fait, sont très respectés. Rien de tout cela avec les nonnes, maintenues dans une ignorance crasse. Pourtant, la plupart d'entre elles ne demanderaient que cela, apprendre. La motivation est là, mais pas les moyens ni les structures.

Très tôt, j'ai eu l'envie de lutter contre cette injustice et d'offrir aux nonnes un lieu pour elles, pour qu'elles apprennent et appréhendent le monde avec les meilleurs outils en main. Personne au Népal n'a jamais agi pour que les nonnes aient une chance, elles aussi, d'accéder aux mêmes possibilités que les moines et d'utiliser leur potentiel intellectuel. On leur permet évidemment de méditer, mais pas d'exercer leur intellect. Personne ne pense à ce genre de chose, tant la coutume est ancrée. Cela devait changer. Aux États-Unis, j'ai eu la certitude que c'était possible. Les Américains sont très choqués que les filles népalaises n'accèdent pas ou peu à l'éducation. À la fin des concerts, les gens viennent toujours nous poser des dizaines de questions. Leur curiosité est insatiable.

Ces excellents souvenirs de cette première tournée à l'étranger sont cependant assombris par un événement qui m'a beaucoup contrariée. Un soir, à la fin du séjour, après notre dernier concert, alors que nous allions nous coucher, Sonam Wangmo, la troisième nonne qui participait à la tournée, est entrée dans la chambre que je partageais avec Sita.

— Chöying, Sita, je voulais vous dire au revoir.

— Oui, bonne nuit à toi aussi.

— Non, je veux dire, au revoir, vraiment. Je m'en vais demain. Je ne rentre pas avec vous au Népal, je reste ici. Je vais rester à New York durant au moins trois mois, pour voir.

— C'était donc vrai ? J'ai cru entendre parler de cela, mais je ne voulais pas y croire... Tu ne parles même pas anglais, comment vas-tu te débrouiller ? Ne fais pas ça, je t'en prie, ne fais pas ça... Rentre avec nous, et si tu veux revenir plus tard, tu le feras, mais pas comme ça, sans avoir pris la peine de prévenir quiconque !

— J'ai bien réfléchi, je ne retournerai pas au couvent, je veux essayer de vivre ici. Je ne veux plus être nonne. Je reste encore un mois, et après, je rentre au Népal si cela se passe mal, mais je veux profiter de cette occasion.

— Tu ne peux pas me faire ça, je me suis engagée pour toi auprès du fils de Tulku Urgyen Rinpoché ! Je ne peux pas rentrer sans toi, il va être très en colère contre moi, tu te rends compte ? Tu es sous ma responsabilité ici, tu comprends... Ton avenir n'est pas ici, tu vas regretter cette décision, crois-moi...

Sita garde la tête baissée et joue machinalement avec un pompon accroché à la tête de lit. Instinctivement, je me tourne vers elle. Il ne manquerait plus qu'elle m'abandonne, elle aussi, et que je doive subir la honte de me présenter au couvent sans elles, séduites par les sirènes d'Amérique... Elle relève les yeux, et me regarde en souriant. Non, Sita n'est pas de cette essence-là. Elle est bien trop attachée à Nagi Gompa.

Je suis très contrariée : j'ai pris Sonam Wangmo avec moi parce qu'elle était pauvre et orpheline, ses parents étaient morts dans un accident et je m'étais beaucoup occupée d'elle. Je pensais que cette tournée était une occasion pour elle de voyager, de découvrir le monde et les États-Unis, sans doute la seule de sa vie. J'ai voulu lui donner une chance, et elle me fait perdre la face auprès de tout le monde. La Méchante va faire des gorges chaudes de cette mésaventure, elle qui n'a jamais cessé de me critiquer, même depuis que je n'habite plus au couvent. Si en plus, je perds des nonnes en route, je donne de l'eau à son moulin... La colère gronde en moi, j'en veux terriblement à cette écervelée de son égoïsme.

— Tu veux te marier, c'est ça ? Tu t'es laissé monter la tête par tes amis ? Tu veux rester ici et mener une petite vie à l'américaine, bien tranquille, hein ? À cause de toi, je ne pourrais plus jamais emmener l'une de vous en voyage avec moi ! On ne m'y autorisera plus, juste à cause de toi !

Adossée au chambranle de la porte, la nonne qui ne voulait plus être nonne a les larmes aux yeux. Son menton tremble, et ses mains se tordent nerveusement.

— Tu ne vois pas que je suis morte de trouille ! Je veux faire un essai. Travailler, gagner de l'argent, vivre bien, moi aussi, avoir une jolie maison, porter des jolis vêtements… Je suis libre, après tout ! Je suis libre, oui ou non ?

Évidemment… Tout à coup, j'ai de la peine pour elle. Je ne me rendais pas compte qu'être nonne lui pesait autant. Je ne porte aucun jugement négatif sur le mode de vie occidental, loin de là. J'ai de nombreuses amies étrangères, qui me confient leurs peines de cœur, comme leurs joies amoureuses, et je les soutiens toujours à 100 pour cent. Mais si ma nonne-choriste pense que sa liberté se résume à porter des jeans et à gagner de l'argent en vendant des légumes dans un centre commercial, elle n'a qu'une vision tronquée de la réalité. Je la trouve superficielle, soudain. Je me suis bien trompée sur elle. Mais la seule chose qui m'importe vraiment, et qui me met tant en colère, c'est que je vais rentrer au Népal sans elle, alors qu'elle était sous ma responsabilité. J'ai horreur de ne pas respecter mes engagements.

— Très bien, fais comme tu veux. Si tu changes d'avis, tu sais quand nous rentrons, tu as le téléphone de Steve et de Marc, appelle-nous. Nous n'annulons pas ton vol, et si tu décides de partir, nous ne parlerons de cette conversation à personne. Quoi qu'il en soit, fais attention à toi.

Finalement, nous sommes rentrées sans elle. Bien plus tard, en saisissant par hasard une conversation, j'ai cru comprendre qu'elle s'était mariée et vivait dans la banlieue de New York. Ma rancœur s'est vite apaisée. Mais, à Nagi Gompa, j'ai dû essuyer, comme prévu, les moqueries et récriminations de la Méchante. Pour elle, l'occasion était trop belle.

— Je t'avais prévenue que tout cela n'était pas fait pour les gens comme nous ! Mais pour qui te prends-tu, dis-moi, pour croire que tu peux arpenter le monde ainsi, sans conséquence ?

— Sita et moi avons vécu une expérience exceptionnelle, et en sommes revenues entières. Comme tu peux le constater…

— Tu ne m'enlèveras pas de l'idée que ce n'est pas une manière de vivre appropriée pour une nonne. Ton comportement est tout à fait déplacé. Si tu aimes te faire remarquer, c'est ton problème, mais Nagi Gompa n'a pas besoin de tes excentricités. Puisque Chökyi Nyima Rinpoché tolère ton comportement, je ne peux que le suivre. Mais, selon moi, tu te conduis d'une façon incorrecte pour une nonne.

Je quitte le couvent furieuse. Je ne laisserai pas la Méchante me dicter mon comportement ou même me juger.

Après la mort de mon maître, j'avais demandé à avoir des responsabilités au sein de notre communauté ; j'avais même déposé une demande officielle auprès des instances dirigeantes. Je sais que je peux me rendre utile, autant en profiter. Alors je me suis signalée auprès de certains maîtres bouddhistes particulièrement respectés. On m'a répondu poliment, en me disant que l'on verrait ce que je pourrais faire.

Mais je n'ai jamais reçu une proposition digne de ce nom. On ne m'a confié aucune mission.

À moi de prendre les devants désormais. Attendre et rester inactive, ce n'est pas mon style. J'avais envie de me rendre utile à Nagi Gompa, mais puisque l'on ne veut pas de moi, le moment est venu de réaliser mon projet et de fonder une école pour les nonnes, le plus rapidement possible. Cette tournée m'a rapporté 10 000 dollars en un mois. Je suis très contente. Grâce à cet argent, je vais pouvoir créer une association. Mon association. Certaines nonnes passent leur existence entière à prononcer des prières sans quitter leur couvent. Parfait pour elles. Moi, j'ai une autre mission à remplir. Utiliser mon plus bel outil, ma voix, me servir de ma notoriété pour que mon rêve devienne réalité. Je sais que je vais avoir besoin de beaucoup d'argent. Et s'il faut travailler jour et nuit, répondre à des interviews, être prise en photo, je le ferai. Être connue ne m'intéresse pas. Je n'ai jamais chanté pour devenir une star, je suis bien loin de ce type de pensée. Je chante pour gagner de l'argent. Je sais que l'idée peut en choquer certains : une nonne qui veut gagner de l'argent ? Certes. Mais j'assume. Je suis très reconnaissante à Steve d'avoir éveillé cette flamme en moi : sans lui, je n'aurais jamais eu l'idée d'enregistrer un album, jamais compris que je pouvais chanter devant un public, gagner de l'argent grâce à ma voix, et donc, réaliser mes rêves. Je lui dois cela, et c'est beaucoup. Mon voyage aux États-Unis a achevé de faire mûrir l'idée que je portais en moi depuis des années : agir face à l'injustice.

14

Arya Tara School

Je viens de rentrer d'un voyage à Singapour. Je suis très heureuse : il s'est passé quelque chose d'extraordinaire. Sitôt rentrée chez mes parents, je file retrouver ma mère dans sa chambre, saute sur son lit et saisis sa main.

— Maman, il m'est arrivé une histoire incroyable ! J'ai rencontré un homme fantastique !

Ma mère me jette un œil suspicieux. À force de voyager dans le monde entier, cela devait arriver. Les voisines avaient raison : sa fille, mignonne comme elle est, ne pouvait pas rester nonne toute sa vie.

— Tu as rencontré Misheal, le fils de Gopal, c'est cela ?

Gopal est le voisin de mes parents, celui qui était venu me présenter la photo de son fils des années plus tôt, lors de la construction de la maison. Il vit toujours à Singapour et il est toujours célibataire. Je suis gaie, pas timide, j'aime parler, rencontrer des gens. J'ai conscience d'attirer l'attention. Et de plaire aux garçons. Les parents de Misheal, apprenant mon voyage à Singapour, m'ont confié une enveloppe pour leur fils, à remettre en main propre. Le subterfuge était un peu grossier. Je n'avais aucune envie de rencontrer cet homme, encore moins de me laisser embarquer dans un jeu de séduction hypocrite : cela me flatte de plaire, évidemment, mais mon ego n'a pas besoin de plus qu'un peu d'admiration silencieuse... L'amour entre un homme et une femme figure moins que jamais au nombre de mes priorités. L'amour, je l'aime au cinéma. Pas dans la vraie vie. Et ce n'est certainement pas maintenant, alors que je peux commencer à jouir de ma liberté et à découvrir le monde, que je vais m'embarrasser d'un homme à qui je devrais demander des autorisations sur tout et rendre des comptes. L'idée même me semble absurde. Même si ma robe ne dissimule pas l'ensemble de mes rondeurs, je suis, au plus profond de moi, un garçon manqué. Les gloussements et les regards par en dessous, très peu pour moi.

— Je l'ai vu une minute, je ne l'ai même pas regardé. Je lui ai donné son paquet et j'ai filé. Je ne saurais même pas le reconnaître. Pourquoi me parles-tu de cela ? Non, j'ai rencontré un homme fantastique qui va m'aider pour mon école.

Mon premier mécène se nomme Freddie Moh Tai Tong, c'est une connaissance de Keng Leck, un de mes amis de longue date. Aujourd'hui, de plus en plus de gens ont à cœur de me soutenir. Mais mon initiative n'a pas été appuyée spontanément par tout le monde. Freddie, lui, n'a pas hésité. Un soir, alors que nous avions rendez-vous dans un restaurant, Keng Leck est passé me chercher et m'a emmenée dîner chez un ami à lui, Freddie. La petite quarantaine souriante, singapourien, un air étonnamment gentil. Très riche. Et comme j'allais le découvrir, très généreux.

— Ani, je te présente Freddie. Freddie possède un délicieux restaurant ici, à Singapour, *Chicken Rice*...

— Enchanté, il faudra que vous veniez manger chez moi, un jour, vous êtes mon invitée.

— Merci beaucoup...

— Le père de Freddie est un très important agent immobilier, Ani. Et il chante très bien, aussi !

La conversation s'est engagée en toute simplicité et nous avons passé un moment agréable, à parler de tout et de rien. J'ai compris, en visitant sa maison et en l'écoutant évoquer sa vie, qu'il était vraiment riche. Cet homme pouvait m'aider, j'en étais sûre. Il suffisait qu'il en ait envie.

Tout à coup, je me suis lancée, sans aucune préméditation, en prenant mon courage à deux mains. C'est sorti tout seul.

— Dites-moi, vous m'avez l'air très riche. Je pense que je vous demanderai de m'aider, un jour.

— Ah oui ? Quel genre d'aide ?

— Je rêve de créer une école pour les nonnes.

— Et de quoi auriez-vous besoin ?

— J'aurais bien besoin d'acheter un terrain, pour y faire construire l'école.

— Et cela coûte combien, d'après vous ?

— Je n'en sais rien...

— 50 000 dollars, c'est assez ?

50 000 dollars... C'est inespéré. Il me fait confiance, à moi qui ne suis qu'une jeune nonne, à moi qui ne peux lui donner encore aucune garantie.

— Je n'en sais rien pour l'instant, je n'ai pas encore commencé à prospecter. Gardez l'argent jusqu'à ce que je trouve quelque chose.

— Eh bien, quand vous en saurez plus et que vous aurez besoin de moi, vous me le ferez savoir. Je serai là. Je garde cette somme pour vous, soyez-en sûre.

C'est un sentiment très doux de prendre conscience que l'on ne se bat pas seule et que le monde abrite des âmes charitables qui ne demandent qu'à être prises par la main pour oser se montrer généreuses. J'ai eu beaucoup de chance. À part quelques suspicieux, mal à l'aise à l'idée de mettre la main à la poche sans véritables garanties, des gens ont misé sur moi et sur mon projet. Je m'en souviendrai toujours. Freddie est celui qui a vraiment posé la première pierre de mon projet.

Je raconte l'histoire à ma mère et je vois comme elle est heureuse pour moi. Je ne suis décidément pas près d'abandonner la religion... Ma mère est devenue ma meilleure amie. Nous nous racontons tout, je lui fais une absolue confiance, nous rions beaucoup, et nous nous soutenons l'une l'autre. Depuis que je suis rentrée des États-Unis, mes rapports avec mes parents sont au beau fixe. À tout moment du jour et même de la nuit, mon père entre dans ma chambre, pour vérifier que je suis là et que tout va bien. Je ne m'enferme jamais, évidemment. Mais parfois, ses visites impromptues peuvent durer trois heures. Même s'il m'arrive, lorsque je le vois pointer son nez, de prier secrètement pour qu'il ne s'installe pas et de répondre du bout des lèvres à ses questions, dans l'espoir qu'il comprenne que je dois travailler, j'interromps toujours ce que je fais pour l'écouter. Après tout, je suis chez lui, et surtout, j'adore quand nous papotons ensemble. Ces moments de quiétude familiale sont ceux que je chéris le plus. J'aime l'écouter me raconter sa vie, échanger des points de vue sur la philosophie bouddhiste. En général, je l'écoute en souriant, un peu distraite. Il travaille encore, mais beaucoup moins qu'avant. Avec les années, le quotidien, les habitudes, les épreuves passées côte à côte, mes parents ont accédé à une forme d'amour et de satisfaction simples. Oui, à l'automne de leur vie, maintenant que les passions laissent la place à une quiétude fatiguée et apaisée, mes parents s'aiment. Ma mère a toujours soutenu mon père du mieux qu'elle le pouvait. Mon père, lui, a de tout temps été un charmeur. Mais le jeu de la séduction l'a toujours plus intéressé que la consommation physique en elle-même. S'il a eu des aventures, aucune d'entre elles ne l'a jamais conduit à remettre en question son mariage. Une fois pourtant, il est allé plus loin. Mes parents en parlent très librement, sans amertume.

À soixante-dix ans, mon père est parti en voyage dans sa ville natale, le Kham, dans l'est du Tibet. Sur le chemin du retour, il s'est arrêté à Lhassa, la capitale du pays. Au bout de six mois, n'ayant presque pas de nouvelles, ma mère s'est inquiétée. Elle craignait qu'il ne mange pas correctement, que des gens abusent de sa confiance. Elle m'a demandé d'aller le chercher. Je suis partie avec mon frère aîné, son fils d'un premier mariage. Nous l'avons vite trouvé. Personne n'abusait de lui, ça non ! Il était accompagné, très bien même... Il s'était installé avec une jeune femme d'une trentaine d'années. Soit à peine plus que moi à l'époque. J'en ris aujourd'hui mais, sur le moment, je ne savais pas trop que penser. Je n'étais pas en colère, juste déconcertée par son âge. Mais elle était très gentille, très attentionnée, il s'était installé chez elle, et ils menaient une petite vie de couple apparemment harmonieuse. Au bout de deux semaines, après avoir visité les lieux saints, nous sommes pourtant tous rentrés : je supportais mal la tension créée par la présence du gouvernement communiste chinois, la peur quasi palpable qui rôdait dans les rues de la ville. Mon père n'a pas fait de difficultés, il est reparti avec nous. Il avait pris du bon temps, il pouvait rejoindre son épouse !

Ma mère a été stupéfiante, avec cette histoire. Elle a considéré que le bonheur de mon père passait avant le sien. Qu'il était vieux, que cette aventure lui faisait du bien. Son amour est pur, c'est un amour qui donne tout ce qu'il peut, n'attend rien en retour, si ce n'est la joie de l'autre. C'est très beau. Peut-être aussi que l'infidélité de mon père ne lui importait pas tant que cela. Qu'elle savait que cette femme n'était, de toute façon, que de passage. Celle qui resterait avec lui, jusqu'à la fin de sa vie, ce serait elle. Pas l'autre. Celle qui resterait pour toute sa vie le point d'ancrage de mon père, sa source d'équilibre, le barrage contre les torrents de colère qui parfois l'emportent sur les rives de la fureur, c'était elle. Uniquement. Elle a eu raison. Après des années d'union, la douce patience de ma mère a fini par émousser l'ivresse folle de mon père. Des crises subsistent, rarement, et presque jamais lorsque je suis là : je joue un rôle modérateur. Et l'argent que je leur donne adoucit leur quotidien. Je garde un bon souvenir de cette période passée chez mes parents : nous étions proches et plutôt heureux, malgré quelques crises persistantes de mon père.

Professionnellement, tout va bien aussi : je suis de plus en plus active. J'ai investi une partie de l'argent que la tournée m'a rapporté en matériel de bureau. Oh ! simple, le bureau : une table, une chaise, un ordinateur, une imprimante, le tout flambant neuf. Juste l'essentiel, mais je n'ai pas besoin de plus. Dans la foulée, j'ai créé la Nuns Welfare Foundation, NWF, que l'on pourrait traduire par la « Fondation pour le soutien des nonnes ». C'est un acte bureaucratique qui me permet de percevoir des fonds et de tenir une comptabilité. C'est aussi un acte symbolique : ce qui était un projet un peu fou trouve enfin une existence, au moins administrative. J'ai du papier à en-tête, des cartes, une adresse postale. Pour le reste… Je décide de ne pas perdre de temps et de profiter de la proposition de Freddie tant qu'elle est fraîche. Je sais bien qu'il ne reviendra pas sur sa parole, mais mieux vaut battre le fer tant qu'il est chaud. Surtout, je n'ai aucune raison d'attendre plus longtemps.

Je cherche vraiment partout. Au volant de ma Jeep, seule le plus souvent, je sillonne les routes et les villages des environs de Nagi Gompa. Car j'ai une exigence qui complique ma tâche : je veux être en hauteur, comme dans le couvent où j'ai grandi. Surplomber la foule, la pollution, avoir une vue dégagée et élevée, comme nos esprits aspirent à l'être. Un jour, quelqu'un m'appelle. Il a appris que je cherche un terrain, pense que je pourrais être intéressée. Il faut que je passe voir.

J'arrive au lieu dit un matin très tôt, vers 7 heures, dans la brume. La route pour monter de Katmandou est sinueuse, dangereuse, pleine de camions de transport. Je suis fatiguée – mal dormi, beaucoup à penser, à organiser. La vie trépidante des Occidentaux n'est pas pour moi. Je m'épanouis plus dans le calme, la lenteur, la paix. Je n'aurais pas dû venir ici, je vais encore être déçue. Brusquement, en haut d'un mont boisé, ma voiture pénètre dans une zone dégagée. Le soleil sort de derrière les nuages, timide comme il l'est en hiver. Sur ma gauche, je vois Katmandou, toute petite déjà, constellée de lumières tremblotantes. Au-dessus, j'aperçois les montagnes illuminées par leur chapeau de neiges éternelles, dorées, brillantes, si propres, splendides, chatouillées à leur base par de gros nuages moelleux. La vue est à couper le souffle. Le calme, soudain, se fait. Mon cœur semble cesser de battre un instant. C'est ici. Je sais que c'est ici. Le vendeur est là, il m'attend.

— Montrez-moi le terrain, s'il vous plaît… J'ai hâte de le voir !

— Un peu plus loin par là, suivez-moi.

Je redémarre et suis le type en voiture, pendant dix minutes. La parcelle qu'il me propose est boueuse et inclinée. Surtout, elle donne sur une montagne toute proche, grise et orientée plein nord. Aucune visibilité, pas de lumière. Quelle déception ! Une fausse joie, encore, je le savais… L'endroit était pourtant magique. Je quitte le vendeur, dépitée. Je n'aurais jamais cru que cette quête serait si compliquée. En remontant dans ma Jeep, sur l'autre versant, à une centaine de mètres de là, je vois un terrain. Plus plat, parfaitement orienté, très beau. Je freine brusquement, descends. Vers l'ouest, au loin, je reconnais le monastère où j'ai accompagné mon maître lors de ses retraites. Un tout petit monastère, perché au milieu du paradis, où mon maître méditait des jours durant, parfois sans échanger plus de quelques mots, un lieu de retraite et de paix. De là où je suis, j'aperçois cet endroit. Le hasard me ravit. C'est celui-là, c'est sûr !

— À qui appartient cette terre ? Voilà exactement ce que je cherche !

Je quitte l'agent immobilier le cœur léger. Il va se renseigner. Si tout se passe bien, nous devrions nous entendre rapidement sur un prix. Quelques jours plus tard, le verdict tombe : 80 000 dollars. Les propriétaires demandent 80 000 dollars. Une folie douce que je ne peux absolument pas me permettre. Et même si je le pouvais, je ne le voudrais pas : c'est bien plus que sa valeur.

Je tente de négocier. Durant plusieurs semaines, nous nous livrons à une partie de ping-pong commerciale. Les brassées de dollars volent d'un aller-retour à l'autre, toujours bien au-dessus du filet, et bien au-delà de mes possibilités. Demandeuse, je n'ai pas la meilleure position pour négocier. Les propriétaires sont des Népalais, de petits fermiers sans doute installés là depuis des générations. J'abandonne. Autant tenter de pousser une mule. Je recommence à chercher. Et je trouve. Joli terrain, vue correcte, prix abordable. La veille de signer, téléphone.

— Nous avons réfléchi, pour le terrain qui vous intéressait.

— Merci, mais c'est trop tard. J'ai autre chose, cela ne m'intéresse plus. Je vous ai déjà dit que je ne pouvais pas payer ce que vous demandiez.

— C'est pour cela qu'on vous appelle : nous acceptons votre prix…

La veille de signer ailleurs ! Je ne sais pas ce qui les a fait changer d'avis, le besoin d'argent, sans doute, peu importe. J'ai accepté l'offre. Quelques jours après, nous nous retrouvons chez un avocat, pour signer le titre de propriété. J'ai un terrain, c'est merveilleux. En même temps, je n'ai rien. Ce n'est pas ce terrain qui va me permettre de scolariser les jeunes nonnes. Je suis pressée, soudain. J'ai besoin de beaucoup d'argent pour construire un bâtiment. Même si les travaux ne coûtent pas très cher ici, je dois impérativement trouver d'autres mécènes. Je dois aussi donner des concerts, encore et encore. J'ai rapidement compris que là était mon unique solution pour lever des fonds rapidement. En attendant, je cherche depuis quelques semaines à louer un lieu pour installer mon école. Pas question d'attendre plus longtemps. Trop de jeunes filles vivent des situations désespérées dans l'indifférence la plus totale, je ressens trop l'urgence d'agir pour continuer d'attendre.

— Papa, je dois aller visiter un immeuble que l'agent immobilier a repéré pour y installer mon école, je t'en ai parlé. Tu nous accompagnes ?

— Avec plaisir, allons voir ça de plus près…

Barzgar, un ami de mon quartier qui s'est lancé dans l'immobilier, m'a assuré avoir trouvé la perle rare. Mon projet suscite deux types de réactions : des critiques chez les plus conservateurs, de l'enthousiasme chez tous les autres. Évidemment, je ne prête guère d'attention aux premiers et m'appuie sur les seconds pour avancer.

— Voilà, c'est là !

Nous nous sommes arrêtés en voiture devant un grand bâtiment, dans une rue tranquille, à environ 10 kilomètres de Bodnath, au nord de Katmandou. Une devanture décolorée indique « Agence de voyags ». Le *e* est parti en vacances depuis bien longtemps, semble-t-il. Penchée vers le pare-brise, je scrute les lieux. Décati, mais pas mal, en effet.

— Allez viens, entrons…

Quatre étages, de la poussière à ne plus pouvoir y respirer, du carrelage boueux, une quinzaine de pièces. L'ensemble est étonnamment sale, comme si personne n'y avait mis les pieds depuis des années. Qu'importe, s'il suffit de laver. Les branchements électriques semblent impeccables, eux. La disposition des pièces est idéale pour moi : une très grande salle tout en haut, au dernier étage, une belle cuisine, un débarras. Et dans les étages, une dizaine de petites pièces, en enfilade au premier niveau avec une distribution par un couloir latéral, puis en étoile plus haut. Parfait. Le loyer, lui, est tout à fait acceptable, 20 000 roupies par mois. Soit environ 250 euros, ce qui est ridicule aux yeux d'un Occidental, mais il ne faut pas oublier que le revenu moyen par habitant au

Népal est d'environ 170 euros par an. Il n'empêche : cela reste bon marché pour ici, et surtout, c'est dans mes moyens. Je me décide dans la minute

— C'est parfait, je le prends !

Dès le lendemain matin, je suis sur le pied de guerre, avec des seaux, des serpillières, des balais, des chiffons. Et mes sept premières étudiantes, réquisitionnées pour leur leçon inaugurale : atelier ménage. Car, depuis près de deux semaines, les candidates arrivent. Sept jeunes nonnes ont déjà postulé. La nouvelle que je créais une école pour elles a très vite fait le tour du quartier – et même au-delà. Mes amis m'ont tout de suite envoyé des jeunes filles. Toutes sont issues de familles très pauvres. La plupart de celles que j'accueille sont, comme moi à leur âge, devenues nonnes pour échapper à un père abusif qui leur faisait vivre un enfer domestique. Arriver dans une structure comme la mienne est comme débarquer au paradis. D'autres ont eu moins de chance. Vendues par leurs parents pour être prostituées, elles ont été envoyées en Inde, et beaucoup ont attrapé le sida. On connaît le virus HIV, évidemment, et les campagnes d'information se multiplient depuis quelques années, mais la misère oblige à se moquer de toute précaution. Une fois contaminées, les pauvres gamines ont été renvoyées dans leur pays où elles n'ont aucun avenir. La plupart du temps, elles continuent de vendre leur corps à qui en veut, et infectent de nouvelles personnes. L'un de mes amis travaille avec elles, et tente de leur construire, malgré tout, un avenir.

J'ai également recruté un professeur, le premier.

Yeshi Lhamu est plus jeune que moi, elle doit avoir dans les vingt-six ans. C'est une nonne elle aussi, tibétaine, qui vit aujourd'hui près du *stupa* Swoyambhu Nath, à Katmandou. Elle a eu la rare opportunité d'étudier en Inde, dans une université bouddhiste. Il est très difficile de trouver des religieuses instruites, je m'estime donc chanceuse. Elle est parmi nous en ce jour de grand nettoyage. Elle a troqué son bâton de craie pour un balai-brosse et elle frotte le sol avec autant de ferveur qu'elle enseigne la lecture. Toutes ensemble, plus quelques amis à moi, nous passons trois jours à nettoyer de fond en comble ma future école. Sans la crasse, l'ensemble est tout à fait honorable.

— Et comment tu vas l'appeler, ton école, Chöying ? m'a demandé mon père pendant que nous visitions.

— Très bonne question, papa. J'ai pensé à Arya Tara School…

Tara est une déité, une sorte de Bouddha au féminin, elle incarne l'énergie féminine. Ses statues la représentent toujours verte. Son nom signifie « Libération » et aussi « Celle qui fait passer ». Nous pensons que Tara possède le pouvoir de protéger de trois dangers. Les dangers extérieurs, comme le feu, les tremblements de terre, les coulées de boue. Les dangers intérieurs, comme la maladie. Et enfin, les dangers secrets, liés aux émotions, tout ce qui est susceptible de perturber l'équilibre intérieur de l'âme. Ces obstacles à la sérénité, Tara est censée les abolir. Il m'a toujours semblé évident que mon école devait porter le nom de Tara. Et c'est Chökyi Nyima Rinpoché, le fils de mon maître, qui a eu l'idée d'y ajouter « Arya », qui signifie « La Glorieuse ». Arya Tara School : cela sonne parfaitement à mes oreilles.

Très vite, les cours débutent. Dans une relative improvisation d'abord, puis en s'organisant peu à peu. J'achète des tables, des chaises, je récupère un tableau dans une autre école. Je paie tout moi-même, sans l'aide de quiconque. Les filles reçoivent un enseignement bouddhiste traditionnel, prières et instruction religieuse, mais aussi, et surtout, apprennent les mathématiques, l'anglais, le népali. Je souhaite qu'elles bénéficient de la formation la plus complète possible. Pour l'instant, je ne peux pas acheter d'ordinateur, mais leur enseigner l'informatique figure au rang de mes priorités.

Afin d'être plus efficace, je décide de m'installer moi aussi à Arya Tara School : je m'y prends une chambre. Je garde la mienne chez mes parents, où je suis toujours la bienvenue. Mais, la plupart du temps, je dors à l'école, je dîne avec les filles et, finalement, je recrée et retrouve la vie en communauté à laquelle je suis habituée, la vie de Nagi Gompa. Sauf qu'Arya Tara School n'est pas un couvent, mais un pensionnat. Les filles étudient toute la journée, pendant que j'organise mes concerts dans mon bureau. Les demandes affluent, j'ai même une tournée de prévue en Europe. En fait, tout est parti très vite et j'ai désormais beaucoup de travail. Mais pas encore de secrétaire… Je m'absente régulièrement. À cette époque-là, je ne passe que quelques mois à Katmandou et tous les autres devant un public allemand, américain, français… Mes parents suivent ma nouvelle vie d'un regard interloqué. Ils sont fiers de moi, trouvent que je m'absente un peu trop souvent à leur goût, me soutiennent d'instinct, mais ne comprennent pas très bien ce que tout cela signifie. Au Népal, je ne suis pas encore connue : seuls les États-Unis et l'Europe me demandent.

Lorsque je suis là, le soir, nous dînons toutes ensemble, puis prions dans la grande salle de cérémonie. Parfois, nous regardons un film en vidéo. Je suis très romantique, et j'adore les histoires d'amour de Bollywood ! Plus c'est triste, plus cela me plaît. Quand je suis seule, je pleure à chaudes larmes – là, devant les enfants, j'essaie de garder une contenance. Nous vivons comme une grande famille, les enfants retrouvent le sourire et rien ne peut me rendre plus heureuse. Tout se passe pour le mieux.

C'est comme cela que mon école voit le jour, en 2000. Avec beaucoup de bonne volonté, de travail, et d'espoir. L'espoir de rendre la vie meilleure. L'espoir de donner une nouvelle chance à celles dont le destin semblait tout tracé. Refuser la fatalité. Avec beaucoup d'ambitions, aussi. « *Think big, start small* » – « Pense grand, commence petit. » Si tu penses petit, ton champ d'action sera limité, et tu n'auras pas la place de t'étendre. Il faut avoir de grandes ambitions. J'adore cette phrase. La première fois que je l'ai entendue, c'était à Singapour. Je me la répète très souvent depuis. Chaque fois que je me lance dans un nouveau projet. Je n'ai jamais pensé que quelque chose m'était impossible. J'ai toujours beaucoup cru en moi, et en la générosité des autres. Et jusqu'à présent, cela m'a réussi. Ce n'est pas de l'arrogance, juste une confiance en la vie. En son pouvoir. On peut changer le cours des choses. Ce qui importe, c'est moins d'être fort que de se sentir fort. Et je me sens forte. En tout cas, pas plus faible qu'une autre. Ni, surtout, qu'un autre.

15

Un fils

Il a les yeux noirs comme une nuit sans étoiles, on pourrait s'y noyer. Ils sont magnifiques. Mais l'étrange fixité de son regard m'intrigue. Ses longs cils recourbés comme ceux d'une fille ne bougent pas. Il me dévisage depuis un temps qui me semble une éternité. Ce bébé est étrangement sérieux. Je connais bien la femme qui me le tend à bout de bras, en un regard implorant. Maily est une nonne de Nagi Gompa. Je l'aidais souvent au couvent, car elle est issue d'une famille pauvre et la Méchante la traitait mal. Ce bébé, que je vois pour la première fois, est le fils de son frère. Ses parents sont morts tous les deux. Sa mère lorsqu'il avait huit mois, son père, huit semaines plus tard. Maily n'a que faire d'un enfant, et surtout, pas assez d'argent pour le nourrir. Tout naturellement, elle se tourne vers moi pour que je m'en occupe.

J'accepte sans réfléchir. Je ne suis pas du genre à me poser mille questions avant d'agir : j'écoute mon instinct, et cette fois, il me dit de foncer pour aider ce bébé. Je ne songe pas une seconde aux conséquences de mon geste, je pense juste qu'il a besoin de moi. Ça peut paraître étonnant, mais c'est ainsi que Sonam Dorje est devenu mon fils, en quelques secondes et non en neuf mois ! À près de trente ans, je me retrouve mère d'un enfant de dix mois, le plus simplement du monde. Dès le lendemain, je cours les boutiques de puériculture de Katmandou, et j'achète tout le matériel nécessaire : lit, couches, porte-bébé, vêtements. Toutes les nonnes sont contentes, surtout Yeshi Lhamu… Comme je ne connais même pas le nom de cet enfant, je vais au monastère de Bodnath et demande à l'un des fils de mon maître, Chokling Rinpoché, de lui en trouver un. C'est lui qui choisit Sonam Dorje.

Au début, je m'inquiète beaucoup pour lui. Son estomac est tout gonflé. La malnutrition. Sa peau se couvre de plaques grumeleuses et blanches, qui apparaissent et disparaissent sur le ventre, les bras, le cou. Ses genoux sont secs comme ceux d'une peau d'éléphant. Surtout, je crains que son calme ne soit le signe d'une quelconque débilité. J'ai quasiment élevé mes deux petits frères, je sais comment sont les bébés. Ça crie, ça gigote, ça s'agrippe à tout ce que ça trouve, ça vomit, ça rit, aussi. Bref, ça vit. Sonam ne fait rien de tout cela. On dirait déjà un enfant sage, alors qu'il n'a pas encore un an. Il semble perdu dans de profondes pensées, résurgences d'un monde de peur, de faim, de froid et de solitude. Je voudrais lui dire que son enfer est fini, qu'il est arrivé à bon port. Je le lui murmure, dans son oreille délicatement ourlée. Je lui chante des chansons, le soir, pour qu'il s'endorme apaisé, enfin, et pour tenter de lui arracher un sourire. Mais il ne m'entend pas.

Comme toutes les mères, je m'inquiète et imagine le pire. Peut-être son cerveau est-il malade ?

Sonam trouve très vite sa place dans notre communauté. Il vit avec moi, dans l'école, au milieu des jeunes nonnes et des professeurs. Il est le seul garçon de cette grande famille, et les bonnes volontés ne manquent pas pour s'en occuper. J'ai beaucoup de travail à cette époque, alors Yeshi Lhamu m'aide beaucoup, prend vraiment soin de lui. Il est notre poupée à toutes. Il a plein de sœurs, plusieurs mamans. Souvent, je le regarde et je pense aux pirouettes de la destinée : ce bébé dont les parents sont morts, promis à une vie sans amour, se retrouve dorloté, chouchouté !

Lorsque je suis là, je l'emmène partout avec moi. Je n'ai pas de poussette, je le porte contre mon cœur. Il s'agrippe autour de mon cou tel un petit singe. Cela me fait beaucoup rire et lui arrache parfois quelques sourires. Les mois passent, et il commence à se comporter comme un bébé normal. Tout semble rentrer dans l'ordre. Je respire. Il est incroyablement mignon, ne pleure jamais. Et je ne dis pas ça parce que c'est mon fils !

Tout le monde n'est pas de cet avis. L'arrivée d'un bébé dans ma vie suscite bien des commentaires. Que n'ai-je entendu comme idioties…

— Ani, je dois te dire quelque chose qui ne va pas te plaire…

Yeshi Lhamu se tient à l'entrée de mon bureau, Sonam dans les bras. Le bébé gazouille, enfin.

— On m'a rapporté que la rumeur courait que Sonam était ton fils.

— Mais évidemment, que c'est mon fils !

— Non, je veux dire... ton fils. Un fils à qui tu aurais, comment dire... donné naissance.

— Mon fils biologique ?

— Oui. Les gens disent que tu as couché avec un homme et que tu es tombée enceinte...

Elle en rougit, la pauvre. Moi aussi, mais de colère. Je ne devrais pas être sensible à la méchanceté, mais c'est un automatisme : on n'aime jamais être critiqué, moi non plus. Je suis humaine ! J'arrive parfois à m'en moquer, parfois non. Dans ce cas-là, je repense à cette phrase de Bouddha que mon maître citait à l'occasion : « Ils te blâmeront d'être silencieux, ils te blâmeront de parler trop. Quoi que tu fasses, ils te blâmeront. Le monde trouve toujours un moyen de critiquer et un autre d'admirer. » Je pense aussi à ce maître que j'ai vu à la télévision un jour, et qui disait : « L'arbre qui donne des fruits sucrés reçoit des jets de pierre. » Parfois, même, les gens brisent des branches, pour pouvoir, eux aussi, accéder aux fruits. Mais cela n'empêche pas l'arbre de continuer de produire des fruits. Et il ne faut surtout pas s'arrêter, sinon, on y perd son identité. Ne jamais abandonner, jamais, quoi qu'il arrive. Ça, c'est un enseignement du dalaï-lama.

L'ignorance et la méchanceté de certains esprits tordus sont toujours imprévisibles et frappent à des endroits parfois saugrenus. Moi, avec un homme ? Si la rumeur n'était pas si malveillante, j'en rirais. Mais je n'en ai pas le cœur. Ces critiques incessantes finissent par me miner. Je sais depuis longtemps que je ne peux plaire à tout le monde, je suis trop peu consensuelle et, une fois encore, cela ne me dérange pas. Mais je ne souhaite pas choquer, aussi me suis-je déjà obligée à réfréner mon tempérament. Danser la salsa, par exemple. J'adore danser, depuis toute petite. À Nagi Gompa, je me lançais parfois dans des chorégraphies totalement effrénées pour divertir mon maître de mes sauts et pas improvisés. Au nouvel an, une fois, je me souviens m'être livrée à un véritable spectacle, qui avait amusé toute l'assistance. Devenue adulte, j'ai continué de danser. Cela me vient naturellement, mon corps réagit instantanément à la musique. Quand j'ai découvert la salsa, j'ai eu une sorte de révélation. J'ai même pris des cours : les rythmes latinos me font bouger aussi sûrement que si j'étais montée sur pile ! Il m'est arrivé de danser, dans des soirées où j'étais invitée. Mais il m'est revenu que mes déhanchements avaient suscité de vives réactions. Une nonne qui danse la salsa, l'idée est trop iconoclaste pour tenir dans les cervelles rétrécies de certains. Je peux comprendre cela. J'ai cessé de danser en public. Comme religieuse, on attend de moi un comportement normé. Je ne suis pas cette personne-là. Je ne rentre pas dans des cases. Pour autant, je n'ai jamais souhaité afficher ma différence si elle devait choquer gratuitement. Je m'adapte.

Mais dans le cas de Sonam, j'ai juste offert mon secours à un bébé qui, sans cela, aurait fini, sans doute, à la rue. Qui, selon toute probabilité, n'aurait pas survécu à sa première année. Je n'ai rien fait de mal. Et je respecte la principale des obligations de mon statut. Je suis célibataire. Et tellement heureuse de l'être ! Si j'avais voulu vivre avec un homme, je l'aurais fait. Mais l'amour physique ne me tente pas. Il ne faut jamais dire jamais, néanmoins, il y a très peu de chances que je décide un jour de ne plus être nonne.

— Vous n'avez pas de regrets ? Et votre vie sentimentale ?

Les journalistes adorent me poser ce genre de questions. Je leur réponds la vérité, ma vérité.

Je n'ai aucun regret. En fait, je crois que j'ai plus qu'aucune femme ne pourra jamais en désirer. Je suis libre. De dormir toute la nuit si je le veux, toute la journée même, de voyager, de parler à qui je le désire, aussi longtemps que le cœur m'en dit. Personne ne se permettra jamais de me dire : « Non, tu ne fais pas cela ! » ou : « Comment oses-tu faire cela sans m'en parler ? » Je vais où je veux, quand je veux. Et cela, pour moi, n'a pas de prix. Avec un homme, même si j'en étais amoureuse, cet état de fait changerait, obligatoirement. Aujourd'hui, je suis libre. Totalement libre, physiquement, financièrement et mentalement. Je peux aider les autres, et cela suffit à mon bonheur. Honnêtement, je ne vois pas ce qu'un homme pourrait m'apporter de plus… à part des ennuis ! Autant me jeter en prison…

J'ai déjà éprouvé des sentiments pour un homme, je ne dirai pas le contraire. Plus jeune, je plaisais. Il y en a même un ou deux qui ont demandé ma main à mon père ! Oui, il y a eu un moment de ma vie, à la fin de l'adolescence, où je me suis intéressée au sexe opposé. C'est tout à fait normal, cela fait partie du développement du corps. Mais depuis fort longtemps, je n'ai pas à proprement parler de désir physique pour les hommes. Peut-être suis-je moi-même trop pleine d'énergie masculine.

Il m'est arrivé de les regarder, je peux être sensible à leur beauté, le cas échéant. Mais, très naturellement, une barrière s'est érigée entre eux et moi : je sais que leur contact me coûterait trop cher. Peut-être ai-je peur. Je ne peux m'empêcher de penser qu'un homme, fût-il le meilleur des maris et des pères, le meilleur des amoureux, finira toujours par tromper sa femme. J'ai vu ça arriver si souvent…

Une histoire que Tulku Urgyen Rinpoché m'a racontée me revient en mémoire. Je la cite en exemple à mes interlocuteurs les plus dubitatifs. Un jour, une nonne tibétaine qui était amoureuse voulait quitter son couvent. La veille de son départ, elle va saluer son maître. Il lui dit :

— Tu veux partir, très bien. Mais avant, accorde-moi une faveur. Cette nuit, dors avec ce petit paquet contre toi. Garde-le toute la nuit, c'est important. Je l'ai préparé pour toi. Ne me demande pas de quoi il s'agit, accorde-moi ta confiance, une dernière fois.

La nonne regagne sa chambre, son joli paquet bien emballé sous le bras, contente de cet étrange cadeau. Il n'était pas question de désobéir à son maître, même si elle s'apprêtait à quitter le couvent. Elle se couche, le mystérieux baluchon dans ses bras. C'était l'hiver, il faisait froid. Dans la nuit, elle est réveillée par une odeur nauséabonde. Cela vient du paquet. Elle surmonte son dégoût, pense à son maître. Deux heures plus tard, elle se réveille de nouveau. L'odeur est insupportable. Dépitée, elle se lève et se résigne à poser le paquet hors de sa chambre, dehors.

Le lendemain, elle vient présenter ses hommages une dernière fois.

— Alors, as-tu bien dormi ?

— Mon maître, je suis très confuse, mais je n'ai pas pu suivre vos instructions…

— Ah bon, et pourquoi cela ?

— Pardonnez-moi, mais ce paquet que vous m'avez donné sentait terriblement mauvais…

Le maître part d'un grand éclat de rire. Il peut à peine parler, tant les hoquets agitent son torse. Il finit par se reprendre et lâche :

— Ah oui ! je veux bien te croire. C'est une bouse de vache gelée que j'ai prise dans le jardin et que je t'ai emballée bien serrée dans un joli linge de soie. Dans la nuit, la crotte a dégelé, et en se réchauffant, elle a retrouvé sa vraie nature et s'est mise à empester.

— Mais… pourquoi, maître, m'avoir fait ce présent ?

— Parce que l'amour est comme ce paquet : joli de l'extérieur, et attirant au début. Et puis, avec le temps, il se dégrade et se met à puer !

L'histoire ne dit pas si la nonne a fini par rester au couvent. Sans doute que non. Néanmoins, cette petite fable m'a toujours amusée. Je connais des personnes heureuses en couple, évidemment. Mais, à mes yeux, elles sont malgré tout ligotées l'une à l'autre. La femme doit toujours informer l'homme de ses mouvements, donner son emploi du temps. Moi, je ne le supporterais jamais, je le sais. La liberté est une notion à laquelle je suis beaucoup trop attachée désormais. Le seul principe auquel j'obéis et me réfère, c'est de suivre mon cœur. C'est lui que j'écoute, lui qui me dit : « Oui, fais ça » ou : « Non, tu ne devrais pas ». Personne d'autre. Jamais.

Ce genre d'attitude s'appelle, dit-on, être féministe. Pourquoi pas ? J'accepte l'étiquette. Mais je tiens beaucoup à ma féminité, et pour rien au monde je ne voudrais être un homme. Nous sommes différents et nous devons le rester. Cela me semble très important.

Cette même année, en 2000, j'ai été invitée à participer à une conférence à New York sur les droits des femmes, organisée par les Nations unies. Je suis intervenue pour parler de mon école, du rôle primordial de l'éducation et de l'importance d'obtenir les mêmes droits que les hommes, partout dans le monde. C'était une occasion unique. Pourtant, à cette conférence, aux États-Unis, j'ai parfois ressenti beaucoup de tristesse. Toutes ces femmes intelligentes, éduquées, puissantes, qui adoptaient les travers qu'elles dénonçaient chez les hommes... J'ai été frappée par le fait que certaines des invitées étaient très revendicatives, arrogantes même.

Appréhendé de cette façon, avec un sentiment de revanche, le combat pour l'égalité est très destructif. Nous, les femmes, ne devons pas recourir aux mêmes modes opératoires que les hommes, la domination, la discrimination, la hargne. Nous sommes beaucoup plus fortes que cela ! Nous devons prendre conscience de notre potentiel féminin. Notre instinct. Notre capacité à prendre soin des autres. Notre intelligence. Notre douceur. Nous devons avoir confiance en ces qualités et les valoriser. Je pense que c'est plus efficace que de crier au monde : « On va vous montrer comme nous sommes fortes ! » Dans mon discours, j'ai tenté de valoriser nos propres qualités. Pas besoin de copier les défauts des hommes… Je ne suis ni très intelligente ni très instruite, mais je suis sûre de cela. Lorsqu'on n'aime pas quelque chose, il faut aller dans la direction opposée.

Mais nous devons lutter, la chose est certaine. Avec nos armes, sans faiblir. Et sans haine. J'ai appris à aimer les hommes, moi qui les haïssais si entièrement. Pour moi, l'homme, c'était mon père. Le rejet était total. La compromission, impossible. J'ai changé grâce à mon maître qui m'a offert un autre visage de la masculinité, une face douce et bonne, aimante et protectrice. Mais je me méfie encore d'eux et de leur ego, c'est plus fort que moi. Avec mon fils, c'est différent, il est encore si petit, il n'a pas dix ans, et jusqu'à l'an dernier il ne vivait qu'avec des nonnes. J'ai tout de même décidé de l'inscrire dans un pensionnat pour le sortir de cet univers uniquement féminin, et très protégé, pour qu'il évolue dans un milieu plus mélangé. Désormais, il va dans une école privée où il reçoit une bonne éducation, apprend l'anglais et se fait des amis de son âge. Mais quoi qu'il en soit, mon fils a été élevé à bonne école, c'est le cas de le dire ! Je suis absolument sûre qu'il respectera les femmes toute sa vie, car il sait comme elles sont courageuses et bonnes. Mais bien souvent, les hommes n'appréhendent pas le monde de cette façon. Il m'est même arrivé, plusieurs fois, d'être dans des situations délicates avec des individus qui avaient cru déceler chez moi des encouragements à se montrer entreprenants. Je repense à l'un d'eux, notamment. L'ami d'un ami. Charmant, drôle, vraiment gentil. Je le croisais régulièrement. Je suis très chaleureuse, pas timide. C'est ma façon d'être. Celui-là a pris mon attitude amicale pour une invitation. J'ai dû le repousser, j'étais très choquée qu'il ait pu croire que j'avais de telles idées en tête. Personne n'a jamais tenté d'abuser de moi. Mais plusieurs ont eu, je le sais, des idées déplacées me concernant. Des mains qui s'attardent plus qu'elles ne le devraient, et que l'on retire, gêné. Je n'en suis pas morte, mais c'est une expérience particulièrement désagréable.

— Méfiez-vous des hommes, durant votre voyage. Il est possible que certains tentent de vous approcher. Vous êtes jeunes, et même si votre crâne est rasé, vous êtes des femmes.

Un petit groupe de mes élèves partait en Inde, et j'ai voulu les mettre en garde. Avec les jeunes nonnes de mon école, nous avons beaucoup trop de pudeur pour évoquer ce qui touche au corps. Mais tout de même. Certaines petites phrases peuvent changer le cours d'une vie.

— Si un homme te susurre des mots doux à l'oreille, ne le crois pas. Garde l'esprit clair. Tu connais tes buts, tu sais ce qui est le plus important dans ta vie. N'oublie jamais les choix que tu as formulés pour ton futur.

Voilà ce que je leur dis, à mes jeunes filles, lorsque je les sens en danger.

Les femmes vivent parfaitement bien sans homme,

j'en suis sûre. Ne pas connaître la maternité, par contre, est beaucoup plus dur. À un moment de ma vie, vers vingt-cinq ans, j'ai eu une irrépressible envie d'enfant. C'était plus fort que moi. Je voulais porter un enfant, sentir la vie pousser en moi. C'était presque une obsession. J'en rêvais même la nuit… J'en ai parlé à certaines amies, toutes se sont moquées de moi. Parce que je n'étais pas du tout prête à me rapprocher d'un mâle, ce qui rendait la chose paradoxale ! Cela a duré un an. Et puis, c'est parti, d'un coup. Et Sonam m'est arrivé, sans que j'aie rien fait. Je l'ai accueilli, sans réfléchir. Les bonnes choses se produisent souvent de cette manière. Parce que c'était notre karma. Sonam est le seul homme à avoir jamais vécu avec nous dans l'école, et, honnêtement, personne, ni les professeurs ni les nonnes, ne s'en est jamais plaint…

16

Rencontre avec un saint

21 mars 2001. Je n'ai aucune mémoire des dates et je suis incapable d'établir la chronologie précise de la plupart des événements de ma vie, mais ce jour-là, je m'en souviens. 21 mars 2001. Le jour où j'ai rencontré Sa Sainteté le dalaï-lama. Je n'aurais jamais osé solliciter une audience privée, de peur de le déranger et de gâcher son temps précieux. C'est une amie qui m'y a incitée. Bien lui en a pris.

Un soir, à 22 heures, j'étais dans le bureau de mon école et Pema, l'intendante, avait l'air inquiète. Les filles étaient couchées, les chiens dormaient à nos pieds, sagement. Les bruits de la ville eux-mêmes, ronron ininterrompu de Klaxons, de crissements de pneus et de souffleries de moteurs, semblaient en suspens. Pema avait envie de parler. Nous n'avons pas si souvent l'occasion de discuter. Je venais de rentrer d'un concert que j'avais donné à Singapour et comme chaque fois, après une absence, courte ou longue, je me suis fait cette réflexion : « Il faudrait pouvoir pousser les murs. » En quelques années, l'école s'est remplie. Plus aucune pièce n'est vide, chaque mètre carré est utilisé. Les nonnes, qui étaient sept au départ, sont aujourd'hui près de trente. Certaines dorment à huit dans la même chambre. Le bouche-à-oreille a fonctionné à merveille, et cela ne m'étonne pas : la nouvelle de l'ouverture d'un lieu d'accueil pour les jeunes nonnes, qui manquent si cruellement et d'attentions et d'instruction, ne pouvait qu'attirer. Certaines viennent même d'Inde et du Tibet. Toutes sont pauvres, sans beaucoup de famille. Elles arrivent ici comme s'il s'agissait de l'avant-dernière station sur la route de l'enfer. Elles ont eu la chance de descendre avant le terminus.

Nous nous entassons dans l'ex-agence de voyages. Serrées, mais heureuses. Malheureusement, je suis aussi obligée d'en refuser, en attendant un déménagement. Cela me fend le cœur, mais nous n'avons pas d'autre choix. Certains cas sont désespérés, et j'essaie de trouver des solutions transitoires pour ne pas laisser les filles à l'abandon.

La semaine passée, une adolescente de seize ans est arrivée jusqu'à nous. Maigre, elle serrait contre elle son châle orange, en jetant des regards apeurés vers la rue. Sa famille vient de la région de Manang, au Népal central. Elle s'est installée dans un village de la périphérie de Katmandou, où sa mère, abandonnée par son mari, élève seule ses sept enfants. Dans la tradition manangi, si un homme veut une femme, il la prend. Tout simplement. Il y a un an, cette jeune fille a été kidnappée. Mariée de force, elle est devenue l'épouse d'une vague connaissance de ses parents. Elle avait quinze ans ; son mari, beaucoup plus. Chez nous, ce genre d'épisode fait quasiment partie de la vie de toute mariée, à un moment ou à un autre de son existence : une femme ne veut pas coucher avec son mari, il l'oblige. Une épouse doit subvenir aux besoins de son mari, c'est tout. En Occident, les gens appellent cela un viol. Pas au Népal : puisqu'ils sont mariés ! Beaucoup de gens pensent comme cela, ici. Au bout de trois mois, il est mort brusquement. Heureusement. Ou malheureusement. Lorsqu'elle a désiré regagner la maison de ses parents, sa belle-mère n'a pas voulu la laisser partir, et a tenté de l'enfermer. Elle a tout essayé, en vain. La seule issue pour s'échapper était de devenir nonne. Elle a pris refuge dans le couvent le plus proche, et, sans que je sache comment, est arrivée jusqu'à moi. Je l'ai prise. Comment l'abandonner ? Les cas comme le sien, aussi durs, sont si fréquents... La violence et la misère ne se reposent jamais et cherchent quotidiennement à charrier de nouvelles victimes sur leur chemin. Lorsque je les croise, je leur tends la main chaque fois que je le peux.

— Les filles t'adorent, tu sais...

— Moi aussi !

— Tu es tout pour elle, leur mère, leur héroïne, leur espoir... Tu sais ce que m'a dit aujourd'hui Kitouba ? « J'ai la photo d'Ani Chöying, j'ai celle de Sa Sainteté... Mais ma table de nuit est toute petite. Il faudrait qu'Ani se fasse prendre avec le dalaï-lama ! » Elle est si mignonne...

— Oui, c'est vrai, elle s'est bien intégrée.

— Cela dit, tu sais, je pense qu'elle a raison.

— Quoi, sa table de nuit est trop petite ?

— Non. Tu devrais aller voir Sa Sainteté.

Depuis qu'un ami américain me l'a glissée, voilà quelque temps, l'idée chemine dans mon esprit, et je me rends compte que, sans y avoir vraiment pensé avant, j'en ai très envie. Au fond de mon cœur, je rêve de passer un moment avec lui, d'avoir l'occasion de lui parler de mon école et de mes jeunes nonnes. Je l'ai déjà rencontré, une fois, aux États-Unis, à Washington DC, lors d'un festival de culture tibétaine organisé par un grand musée, le Smithsonian Institution. Il était l'invité d'honneur et j'ai eu la chance d'obtenir sa bénédiction.

Je finis par envoyer une demande d'audience. Je reçois une réponse positive, seulement trois semaines après mon courrier. Incroyable ! Je suis invitée à me présenter à Dharamsala, la ville indienne qui accueille le dalaï-lama depuis son exil forcé, en 1959, lorsqu'il fut contraint de quitter le Tibet, occupé par la Chine. La situation de ce pays blessé m'importe, comme celle de l'Afghanistan, de l'Irak, de la Palestine. Les gens y craignent pour leur survie, connaissent une peur permanente. Cela me touche. Qui mieux que Sa Sainteté incarne la non-violence, dans le monde contemporain ? J'essaie de suivre ses principes afin d'être une bonne bouddhiste, c'est-à-dire, aussi, un bon être humain. J'essaie de développer mes qualités de cœur, la gentillesse, la compassion, l'amour. En dépit de l'intolérable situation du Tibet créée par le gouvernement communiste chinois, le dalaï-lama continue de condamner les violences au Tibet, toutes les violences, qu'elles viennent des Tibétains aussi bien que des Chinois. La violence éclôt sur tous les territoires du monde, lorsqu'il n'y a pas de liberté, pas de justice, pas de respect des droits de l'homme. Car l'enjeu du Tibet, aujourd'hui, c'est bien celui des droits de l'homme, des valeurs humaines. C'est aussi un enjeu mondial, évidemment. Aujourd'hui, le Kosovo célèbre la reconnaissance de son indépendance par les autres nations. Prions de toutes nos âmes pour que le Tibet, lui aussi, puisse très bientôt fêter le jour de sa libération, et pour que Sa Sainteté le dalaï-lama et son peuple puissent rentrer chez eux, au Tibet. PAIX AU TIBET, PAIX EN CHINE, PAIX DANS LE MONDE !

Je suis attendue le 21 mars ! Cela fait longtemps que je n'ai pas été si heureuse. Pour tous les bouddhistes, et notamment les Tibétains, rencontrer le dalaï-lama, chef spirituel de tous les bouddhistes, est un rêve. Pour moi, il devient réalité. Comme une enfant, je passe ma nuit la lettre à la main, chiffonnée dans ma paume serrée. À 4 heures du matin, j'ai encore les yeux grands ouverts. Impossible de dormir. Que vais-je lui offrir ? La tradition veut que l'on donne un cadeau et je souhaite vraiment lui trouver un beau présent. Je cherche, je cherche, mais je ne trouve pas. Mon esprit fatigué ne parvient pas à se décider, ni même à se fixer sur une bonne idée. Comme un radar qui aurait perdu le nord, mon cerveau balaie les possibilités, ne s'arrête sur aucune, passe en revue dix fois la même image, picore et ne se décide pas. Je commence à stresser. Que vais-je lui trouver qui soit à la hauteur de ma joie de le rencontrer ? Dans ma tête, j'imagine notre entrevue. J'ai décidé de demander à mon assistant, Paulo, un Américain, de m'accompagner : je ne veux pas aller là-bas seule et je sais que Paulo sera parfait pour me soutenir. Surtout, je compte sur lui pour prendre la photo qui immortalisera notre rencontre.

Le grand jour arrive. Je ne sais ce qui, de la joie ou de l'appréhension, l'emporte, mais je suis dans un état d'excitation rare. Paulo et moi avons une heure et demie d'avance. Il a tenté de me retenir un peu à l'hôtel, mais je ne restais pas en place et j'avais trop peur d'être en retard, ne serait-ce que d'une minute. Nous attendons. Nous sommes dans la résidence du dalaï-lama, là où il reçoit ses visiteurs. Assise sur une toute petite chaise, les coudes posés sur mes genoux, j'essaie de calmer mes tremblements. Des frissons courent le long de ma colonne vertébrale, une onde glaciale qui me transperce. Pourvu qu'il ne touche pas mes mains, elles sont moites et gelées.

Je ne sais plus comment je suis arrivée jusqu'à lui. Trop d'angoisse pour que ma mémoire se mette en marche, j'imagine. Notre entretien a duré une dizaine de minutes, et les premières me reviennent comme émergées d'un intense brouillard. Je sais qu'il était assis au fond d'une pièce, avec un moine à ses côtés, personne d'autre. Nous nous sommes avancés, Paulo et moi, tête baissée. Nous nous sommes prosternés à ses pieds, je lui ai présenté le *khata*, cette écharpe blanche, signe de respect. Ensuite, je commence à me détendre. Ma mémoire, dès lors, est plus claire. Toute la nervosité qui m'a jusqu'alors assommée comme une chape de plomb s'envole. Sa Sainteté me regarde avec tant de bonté dans les yeux que l'émotion me submerge. Je sens immédiatement à quel point il est sincère, humble, en accord avec lui-même, chaleureux.

Je lui tends mon cadeau. Après bien des hésitations, mon choix s'est arrêté sur une splendide petite statue de Bouddha en cuivre que j'ai achetée à Katmandou. Je voulais un présent qui soit symbolique. Il la prend, la regarde avec attention, la tend à son assistant. Je sais bien qu'il ne va pas la garder pour lui, mais la donner. Peu importe. Il reçoit tellement d'offrandes qu'il lui faudrait un musée s'il voulait tout conserver. Je comprends cela : je préfère qu'il rende quelqu'un d'autre heureux en lui faisant un cadeau à son tour plutôt que de la ranger dans un coin où personne ne la verra jamais.

Ensuite, je lui montre une photo de mon école et de mes élèves. Je lui explique mon projet. Les nonnes, l'éducation… J'ai répété des centaines de fois mon discours de présentation dans ma tête. Mais avant même que j'aie eu le temps d'entrer dans de grandes explications, il me coupe, en tibétain :

— J'espère que tu ne leur apprends pas seulement à prier, n'est-ce pas ?

— Non, non, pas seulement…

— Tu dois leur apprendre à lire, à écrire et, aussi, à parler anglais.

— Oui, Votre Sainteté.

— Bien, bien, bien… Si tu rencontres le moindre problème à l'avenir, pour mener à bien ton travail, fais-le-moi savoir. Maintenant, prenons une photo !

Je suis soulagée, car Paulo, encore plus stressé que moi, semble avoir complètement oublié qu'il est venu avec un appareil photo. Le dalaï-lama s'est proposé de lui-même et cela me remplit de joie. Nous posons, souriants. Quand je regarde le cliché, je reconnais cet éclair dans mon regard : je suis fière et heureuse. Nous parlons encore quelques minutes. J'ai encore une requête. Je souhaite qu'il écrive son nom et celui d'Arya Tara School sur une grande feuille de papier de riz que j'ai apportée, ainsi qu'un petit mot en tibétain pour mes élèves. Il s'exécute. « Je vous souhaite du succès et le meilleur pour votre vie future », avec sa signature en bas de page.

Rien ne pouvait plus me combler.

Quand je ressors, je suis sur un nuage, une photo dédicacée de lui serrée contre mon cœur. Deux jours après, nous rentrons au Népal. Dès que je pars de chez moi, quels que soient le pays et les merveilles qui m'attendent ailleurs, j'ai toujours hâte de rentrer à la maison. Et puis, je m'inquiète un peu pour ma mère. Quand je suis partie, je l'ai trouvée fatiguée, les traits tirés, le teint pâle, elle qui a toujours de bonnes joues roses et le sourire aux lèvres. Je viens de recevoir la bénédiction de l'homme le plus admirable du monde, je me sens forte et chanceuse. Son soutien m'a renforcée dans la conviction que je devais travailler, encore et encore, pour parvenir à mon but. « L'action parle plus fort que les mots », c'est une phrase qu'un ami m'a dite, une fois. Il a raison. En quelques années, je suis passée de simple nonne à chanteuse, directrice d'école, responsable d'une trentaine de jeunes filles. Au début, les observateurs étaient sceptiques. Aujourd'hui, le dalaï-lama vient de me féliciter pour mon travail. Je me sens gonflée à bloc, pleine d'une énergie brute. Comme un concentré de volonté et de confiance. Je dois aller encore plus loin. Continuer. Chacun, à son niveau, peut rendre le monde meilleur. Il faut juste se lancer et être sincèrement généreux. Ne pas s'inquiéter de tout ce que l'on ne pourra pas donner. Mais donner ce que l'on peut, avec tout son cœur. Le monde a besoin de saints. Mais aussi de gens normaux, de simples êtres humains capables de comprendre la peine des autres. Plus que jamais, je me nourris de la volonté d'aider. Je sais que je peux être encore plus utile. Je rentre à Katmandou pleine du désir d'agir.

17

Montée en puissance

Les années qui suivent, jusqu'en 2006, je travaille d'arrache-pied. Vraiment. Je donne plus de cinquante concerts par an, sillonne une bonne partie de la planète : France, Allemagne, États-Unis de nouveau, Japon, Hong Kong... Portiques d'aéroports, tourniquets de métro, banquettes de taxis, j'enchaîne les moyens de transport comme les destinations. Je passe autant de temps dans les avions que chez moi. J'ai pu acheter le terrain pour bâtir la « vraie » Arya Tara School, mais, il me manque encore de l'argent pour commencer les travaux. Freddie a déjà été assez généreux, je ne peux pas lui redemander de l'aide. Il me reste 6 000 dollars, mais ce n'est pas suffisant. J'ai besoin de plus, beaucoup plus, et je dois le trouver ailleurs. C'est souvent dur, mais je vis aussi des moments exceptionnels. Comme le concert de Céline Dion à Paris, au Palais omnisport de Bercy. Mes amis adorent cette histoire, qu'ils me font répéter sans se lasser. Lorsque j'étais de passage en France, j'ai été invitée à assister à son concert par Steven Seagal, le comédien américain, devenu célèbre pour ses rôles dans de nombreux films d'action. J'avais connu Steven l'année précédente à Nagi Gompa, alors qu'il était venu rendre visite au petit-fils de mon maître, car il est un fervent bouddhiste. Nous avions sympathisé. J'ai vu quelques-uns de ses films, évidemment, et nous avons eu un bon contact, au couvent. Le hasard fait que je l'ai recroisé en France, à Lyon, à un festival tibétain. J'y étais invitée par mon ami Pierre-Yves Ginet, un photographe français que j'ai rencontré en 1999, alors qu'il faisait un reportage sur les nonnes tibétaines. Nous sommes devenus amis. Plus que cela, même : je considère Pierre-Yves comme mon « frère français ». À Lyon, je recroise donc Steven. Nous sommes contents de nous revoir, et il me convie au concert de Céline Dion, quelques jours plus tard à Paris. D'elle, je ne connais que la chanson du *Titanic*, *My Heart Will Go On*. J'ai adoré ce film. J'accepte, bien sûr.

Steven était logé dans le même hôtel que Céline, et il s'est débrouillé pour me trouver une chambre. Lorsque j'en ai l'occasion, cela m'amuse de descendre dans un palace. Céline et moi avons été prises en photo dans le hall de l'hôtel, après son concert. Mes amis n'avaient jamais entendu parler d'elle jusqu'à ce que je revienne de voyage et leur montre la photo. Ils ont compris qu'elle était immensément connue, et ils sont amusés que leur amie fréquente les plus grandes stars.

Les concerts et les rencontres me donnent d'immenses satisfactions. Mais je l'avoue, mon pays et ma maison me manquent. Je ne vois pas grandir mon fils, je cours sans cesse, je suis loin de ma famille. Je suis épuisée, souvent à bout physiquement. Mais mon esprit, lui, me pousse à continuer, car je sais que c'est important. Je puise dans mon énergie mentale et je pense à chaque fille que je vais pouvoir accueillir et éduquer grâce à mon travail. Instantanément, je repars, heureuse, comme si j'avais des ailes. Je suis portée par mon but, littéralement. Une spirale vertueuse, fatigante mais stimulante. De cette époque-là me vient l'un de mes surnoms : « Ani Bond », comme James Bond. C'est une amie allemande qui l'a trouvé, lors de ma tournée européenne en 2001, alors qu'elle était venue me chercher à la gare d'Ulm.

À l'occasion de mes concerts, je vends des petits objets du Népal, des CD, de magnifiques foulards de soie, des châles en pachmina, de petits bijoux faits par des Népalaises… Tout ce qui plaît, en somme. Et tout ce qui peut augmenter mes revenus ! Les spectateurs adorent repartir avec un petit souvenir, et en même temps que je dédicace mon album, j'assure la partie commerciale. Le plus souvent, je suis seule à le faire.

Pour tout transporter aussi. J'économise dès que je peux, et je n'ai pas les moyens de payer un transport spécial : pas question de dépenser plus d'argent que je n'en gagne ! Alors je fourre l'ensemble des objets dans mes valises, et je trimballe le tout de ville en ville et de train en train, chargée comme une mule, angoissée à l'idée de rater une correspondance. J'ai toujours des amis qui m'emmènent à la gare. Ma bête noire, ce sont les correspondances : trop souvent, je me retrouve seule, sans ascenseur ni escalator, à devoir tout porter comme une bête de somme.

Ce jour-là, je débarque sur le quai d'Ulm, engoncée dans deux polos orange enfilés l'un sur l'autre pour libérer de la place dans mes bagages, les dents serrées, les joues couleur brique, en sueur, une veine saillante sur mon crâne rasé. Je porte d'énormes valises, dont l'une quasiment aussi grosse que moi. J'entends déjà la sonnerie annoncer la fermeture des portes quand un homme me passe mon dernier bagage. Ouf ! Je lève la tête et surprends le regard de mon amie, mi-interloqué, mi-admirateur.

— Mais tu es folle de porter ça toute seule, tu vas te faire un tour de reins !

— Et comment veux-tu que je fasse autrement ? Il faut bien descendre ces valises avant que le train reparte. Bonjour quand même…

— Ani, Ani, ma chère Ani… Tu portes l'équivalent de deux fois ton poids ! Tu me fais penser à une petite fourmi laborieuse, en activité permanente, à vouloir te montrer toujours la plus forte. Ou plutôt non ! Tu me fais penser à James Bond. Bond, Ani Bond, oui voilà, c'est cela ! Celle pour qui aucune mission n'est impossible, qui se bat jusqu'au bout du bout…

— Tu sais, le contenu de chacune de ces valises me permet de construire mon école, alors, ça vaut la peine…

C'est vrai. Ce système me permet de récolter pas mal de fonds. L'air de rien, on peut même dire que c'est ainsi, disque après disque, dollar après dollar, avec patience et méthode, que j'ai financé chacune des pierres d'Arya Tara School, mon école. Évidemment, des mécènes généreux m'ont aidée, et sans eux, je n'aurais jamais pu mener à bien mon projet. J'ai la chance d'être convaincante. Normal : ce projet me tient tellement à cœur que je lui consacre mon existence. Un couple d'Américains m'a donné 17 000 euros. De nombreuses petites organisations caritatives de partout dans le monde m'ont également soutenue, m'offrant 3 000 euros par-ci, 2 000 euros par-là. En Allemagne surtout, beaucoup de gens m'ont vraiment soutenue, pas seulement en me donnant de l'argent, mais aussi en organisant mes tournées, en me conduisant de ville en ville. Sans eux, je n'aurais sans doute jamais accompli tout ce que j'ai accompli. Finalement, à force de patience et de travail, je rassemble suffisamment de fonds pour me lancer dans la construction de mon école. J'ai le terrain, j'ai l'argent, reste le plus important : convaincre les esprits. Dans la tradition bouddhiste tibétaine, lorsqu'on prend possession d'une terre et que l'on veut construire sur ce terrain, il faut en demander la permission aux esprits – qui en sont les premiers détenteurs – et leur faire un cadeau par le biais d'importantes cérémonies rituelles. Si l'on ne se soumet pas à cette règle, nous pensons que des complications peuvent survenir dans les travaux.

Quelques semaines plus tard, de retour au Népal, j'organise une cérémonie à l'emplacement de ma future école. Ce jour-là, j'ai invité un maître bouddhiste très respecté, Chagmey Rinpoché, mes parents, des amis. Nous sommes une petite vingtaine, réunis sur le flanc de « ma » colline. Le temps est parfaitement dégagé, l'air pur. Un autel a été dressé, entouré de fleurs fraîchement coupées, du riz est disposé dans de petits bols, en offrande, et les vapeurs d'encens me montent à la tête. Nous sommes rassemblés en rond, autour du moine qui récite les mantras. Un autre, assis en tailleur, murmure une prière, demandant aux esprits de nous autoriser à bâtir sur cette terre vierge.

Je regarde la petite assemblée recueillie. Il y a un grand absent, évidemment. Mon cœur se serre. Lorsque je tourne la tête vers la droite, je vois un reflet dans la grande baie vitrée du centre de retraite de mon maître, de l'autre côté de la vallée. Je jurerais qu'il s'agit de celle de sa chambre, celle de gauche. Un souvenir me revient : la première fois que je l'ai accompagné, je devais avoir seize ans. Je débordais d'énergie et la méditation n'était pas mon fort. Je jouais dans les environs du monastère, passais mes journées dehors. J'adorais aussi contempler la vallée, accoudée à ma fenêtre. Un jour, j'ai grimpé sur une grosse pierre, et j'ai écarté les bras comme un oiseau, laissant le vent me pousser doucement par-derrière, comme en appui sur mon dos. De là, mon regard embrassait toute la vallée. Je me souviens avoir pensé : « Comme j'aimerais posséder moi aussi un endroit comme celui-là… »

Mon vœu a été exaucé. Un rayon de soleil refait scintiller étrangement la fenêtre, minuscule vue d'ici, du monastère d'en face. On dirait une étoile qui brillerait en plein jour. Je sais que c'est un signe. Je me tais et souris. Je me sens heureuse, comme remplie, comme un voyageur qui, après un long périple, rentre chez lui. Je sais que beaucoup de travail m'attend, mais j'ai hâte de me lancer dans l'aventure. Qui aurait cru qu'en quelques années seulement, moi, Pomo, l'enfant de Bodnath qui n'a jamais possédé une poupée, moi pour qui 500 roupies [5 euros] étaient une fortune, je parviendrais à créer une école et à aider mes petites sœurs de misère à améliorer leur sort ? L'étoile qui m'envoie sa lumière, sans doute.

Le chantier débute peu de temps après. Toutes les personnes de l'école participent aux travaux de terrassement. Les filles charrient des sacs et creusent, en riant, heureuses de pouvoir m'aider et de se lancer dans ce grand chantier. Mais ma joie est obscurcie par un problème de taille : l'eau. Dans cette partie de la montagne, accéder à l'eau courante potable est très compliqué. Une réserve existe à Pharphing, le village tout proche. Un village comme il en existe tant au Népal, un assemblage de maisons en terre, où les chiens et les enfants jouent dans la boue et les cailloux, sous l'œil un brin ennuyé des hommes assis sur le pas des portes. Les villageois pompent l'eau d'une source située de l'autre côté de la montagne, mais seulement très peu d'entre eux peuvent en bénéficier. Tout naturellement, je me tourne vers eux et leur demande de pouvoir en profiter, en participant aux frais, bien sûr. La réponse ne tarde pas, stupéfiante : oui, mais à condition de me montrer généreuse. Très généreuse : le représentant des villageois exige une donation, une somme énorme, que je ne peux pas payer. Jaloux, mes nouveaux voisins me voient arriver d'un mauvais œil. Ils pensent que je suis très riche, et comptent bien en tirer parti.

— Pour avoir l'eau, c'est 150 000 roupies [environ 1 480 euros].

— Mais vous plaisantez, je ne peux pas...

— Vous avez de l'argent, pourtant, puisque vous construisez sur notre terre.

— Plus tard, je pourrai sans doute, ma situation va s'améliorer, et je vous en ferai profiter, mais là, croyez-moi, je suis trop juste. Vous demandez une donation, sauf que normalement, le choix du montant est libre ! Je n'ai jamais vu personne fixer le montant d'un don...

— Il y a un début à tout. Si vous ne pouvez pas, tant pis pour vous...

— Mais si vous ne me permettez pas d'accéder à l'eau, je ne pourrai jamais me développer, et je ne serai jamais en mesure de vous aider.

La situation est absurde, mais ils s'en moquent. Ils sont totalement bornés. Mes nouveaux voisins ne sont sans doute pas de mauvais bougres, mais ils sont pauvres et veulent tirer parti de mes besoins, d'une manière très intéressée. Leur égoïsme me rend dingue, leur méchanceté me désespère. C'est plus fort que moi. Je lutte, mais mon ego prend le dessus, l'espace de quelques semaines. Je ne suis pas parfaite, et certains comportements ont raison de ma sagesse. Je décide que j'aurai de l'eau, quels que soient les moyens, quitte à la payer plus cher, ailleurs. Pour rien au monde je ne veux donner à mes voisins la moindre roupie. C'est l'orgueil qui me guide. Regrettable. Mais ma colère est trop grande. S'il le faut, même, je creuserai le sol avec mes mains pour acheminer de l'eau pour mon école. Mon eau. Et je ne la partagerai avec personne. Je vais leur montrer, moi, Ani Chöying, que quand je veux quelque chose, je l'obtiens !

Durant toute la durée des travaux, je fais venir de l'eau d'un autre village, à quelques kilomètres de là. C'est long, compliqué, coûteux. Lorsque je croise les villageois d'en bas, je les ignore avec application. Pour monter jusqu'à mon école, je dois passer en voiture dans la rue principale, ils me suivent du regard ; je fixe la route défoncée. Ma future école est perchée une centaine de mètres au-dessus d'eux, au sommet de la colline. Je les laisse derrière moi sans regret. Ma hargne alimente la leur, et vice versa. Sans doute ne devrais-je pas avoir ce type de pensées négatives. J'ai beau être bouddhiste depuis des années, nonne depuis près de vingt ans, je dois encore travailler !

Un jour, la colère tombe. Je comprends que ma posture n'est pas constructive, mais totalement stérile, voire destructrice. Je comprends que je suis la seule personne qui puisse m'aider, la seule capable d'agir pour être en paix, et heureuse. C'est moi qui décide de réagir aux éléments extérieurs. Je peux très bien faire en sorte de régler le problème, d'abord en choisissant de ne pas leur en vouloir de me priver de leur précieuse eau. Ils vivent à deux pas de chez moi, je n'ai pas les moyens d'entrer en guerre avec eux. Tout le monde y perdrait, eux comme moi. Nous allons devoir nous entendre. Pour cela, je dois gagner leur cœur. Ces villageois m'apprécieront et m'aideront, même ! C'est comme si j'avais orienté mon projecteur intérieur dans une autre direction. Penser différemment. Aborder le problème sous une perspective nouvelle. Je décide donc de construire un système d'alimentation en eau. Et je permettrai aux villageois de s'en servir. Un couple allemand m'a offert plus de 50 000 euros, à travers son organisation Water for the World. Je finance le reste seule. Les travaux débutent. Il s'agit de construire un grand trou, d'installer deux machines pour pomper l'eau, 600 mètres de canalisations, une réserve de 150 000 litres. Au bout d'un an, le projet est achevé. Plus de deux cents maisons sont désormais alimentées par cette eau, plus l'école et un monastère proche.

Cette pompe m'a finalement coûté plus de 50 000 euros. Contre 1 480 que je devais payer aux villageois. J'ai dépensé plus de trente fois plus que ce qu'ils me demandaient, mais j'ai agi en toute liberté, sans pression. Et surtout, grâce à moi, un problème vital a été résolu durablement, tout un village a enfin de l'eau. Les villageois et moi avons réussi à écrire un « nous », rien n'est plus beau que cela. Et au plus profond de moi, je suis fière d'être celle qui a fait venir l'eau : traditionnellement, dans nos villages, ce sont les femmes qui sont chargées de cette tâche, au prix d'efforts physiques parfois très durs. J'ai contribué à réduire leur charge de travail – et cela signifie beaucoup pour moi.

À la même époque, ma carrière de chanteuse prend de la hauteur, grâce à un coup de téléphone : Nhyoo Bajracharya, compositeur très connu au Népal, m'appelle, alors que nous ne nous connaissons pas.

C'est comme cela qu'il est devenu mon compositeur, et il l'est encore aujourd'hui. Après quelques formules de politesse, il se lance :

— Voilà, je me tourne vers vous, car j'écris une chanson sur le dalaï-lama...

— Merveilleux, de quoi parlez-vous ?

— De son pouvoir de compassion, de sa bonté... Je veux intercaler des paroles en tibétain entre les couplets, accepteriez-vous de m'aider ? Je ne voudrais pas me tromper de sens.

J'accepte de me rendre dans son studio, et découvre son travail. Cela me plaît beaucoup. Je suis même très impressionnée. Nous apprenons à nous connaître, et, un jour, je lui fais une proposition.

— Tu ne voudrais pas me composer des mélodies ?

— Pour des mantras ?

— Oui, pour les revisiter, les moderniser un peu...

C'est ce que nous faisons. Nous travaillons beaucoup pour trouver le ton juste. Un jour, quand j'entre dans son studio, il est en train de composer une chanson en forme d'hymne à un enseignant. Sa musique me touche immédiatement, au plus profond de mon âme. La chanson a des airs de supplications : elle est au diapason de mon cœur meurtri par le manque de mon maître. Je veux la même chose. Nhyoo Bajracharya me présente alors à l'auteur de la chanson, Durga Lal Shrestha, un poète très respecté et célèbre au Népal. Il doit avoir soixante-dix ans. Je devine immédiatement que j'ai face à moi l'un des hommes les plus charmants que j'aie rencontrés. Sa douceur et sa qualité d'écoute me touchent. Au début pourtant, il n'est pas sûr de vouloir écrire pour moi. Il ne me connaît pas, il est déconcerté que je sois nonne ; il hésite. Alors je chante pour lui, en tibétain, chez lui, dans sa maison, *a capella,* pour qu'il entende. Il écoute. Les Népalais ne sont guère habitués à écouter des mantras. Comme partout dans le monde, ils aiment la variété nationale. Au Népal, le public apprécie aussi beaucoup les reprises de vieilles chansons indiennes des années 1980 remixées à la sauce techno. Mais les mantras… On les écoute au monastère, pas chez soi sur un CD. L'idée est inédite. Pourtant, Durga Lal Shrestha prend le risque. Après m'avoir écoutée, il s'exclame :

— Je n'ai pas compris un mot… Mais cela m'a profondément ému. C'est splendide, tout simplement ! Je n'ai jamais entendu quelque chose de semblable…

— Merci, je suis heureuse que cela te plaise. Je pense vraiment que l'on devrait travailler ensemble.

— C'est d'accord. Tu as un pouvoir. Ta voix est un cadeau…

Il est très impressionné, et je suis contente. Nous nous mettons à l'œuvre, parfois pendant dix heures d'affilée. Assis dans le studio, nous écrivons et composons des chansons, en oubliant la faim et la soif, absorbés par la création. Je suis d'accord pour m'éloigner du répertoire traditionnel, mais je souhaite garder une dimension spirituelle. Je veux promouvoir des messages positifs, valoriser la nature humaine, donner un message d'espoir et d'amour, montrer comme l'être humain est capable de s'améliorer. Quand je chante, je ne suis plus bouddhiste ni hindoue ni chrétienne. Je vante l'Homme en général. Mon album *Moments of Bliss,* en népali, sort en 2004. C'est mon quatrième album, mais le premier en langue népalaise. Et qui rencontre un vrai succès. Les précédents que j'ai enregistrés avec Steve Tibbetts, *Chö* et *Selwa,* se sont vendus uniquement à l'étranger. Celui-là remporte un triomphe. Au Népal, j'étais déjà connue, mais là, je deviens vraiment une grande star, quasiment du jour au lendemain. C'est une drôle d'impression au début, je dois le reconnaître. Surtout que lorsque les gens me reconnaissent, dans un restaurant par exemple, pour m'honorer, ils mettent mon disque. Je mange, je vis, je me promène avec ma voix en fond sonore.

C'est la télévision qui a véritablement lancé mon quatrième album et l'a projeté en tête des ventes. À l'époque, le Népal était endeuillé par la mort en Irak de douze de ses compatriotes. Pour apaiser les esprits et distiller un peu de douceur et de compassion, une chaîne a eu l'idée de diffuser plusieurs fois des extraits d'un de mes concerts. Le lendemain, j'étais connue, c'est aussi simple que cela ! Une rue, un quartier, une ville, un pays : la célébrité s'est répandue comme une traînée de poudre. Je ne saurai plus dire quand, la première fois, quelqu'un m'a arrêtée dans la rue, m'a demandé un autographe, m'a regardée avec des yeux ronds, en pensant tout haut : « C'est elle, oui, c'est vraiment elle ! », mais tout cela s'est produit très subitement. Cet album en népali, doté de chansons humanistes et spirituelles avec des arrangements modernes, a créé la surprise. Et immédiatement plu. Une chanson, qui n'était même pas ma préférée, je dois l'avouer, est devenue un tube, chez les enfants comme chez les personnes âgées. En voiture à la radio, dans les rues de Bodnath, au supermarché, à la télé, *Phoolko Aankhama* résonne partout... C'est une chanson qui parle de la façon dont le monde change selon la manière dont on le perçoit : « Que mon cœur soit toujours pur, que mes mots soient toujours illuminés, que mes pieds ne tuent jamais un insecte... Dans les yeux magnifiques, le monde apparaît toujours magnifique. » Si l'on est positif, le monde l'est aussi.

Quelques mois plus tard, je suis sélectionnée à une manifestation musicale nationale très connue qui distingue les meilleurs artistes de l'année. Le soir de la remise des prix, je ne suis pas libre. Je me suis engagée dans une autre ville, pour donner un concert. J'ai donné ma parole que je serai présente. La cérémonie est retransmise à la télévision. Je décide d'envoyer mon petit frère Karma Choesang. Cependant, pour me convaincre de changer d'avis, les organisateurs ont tout tenté. Ils m'ont notamment laissé entendre que j'étais bien placée dans les classements. Très bien classée, même. À vrai dire, ils m'ont laissé entendre que j'avais de très fortes chances de gagner. Peu importe : une promesse est une promesse. Mon frère me représentera parfaitement.

— Vas-y toi, tu feras ça très bien, j'en suis sûre.

— Les gens veulent te voir toi, pas moi !

— Mais puisque je ne peux pas ! Je me suis déjà engagée ailleurs, ils n'ont rien fait de mal, au nom de quoi je les priverais de leur concert ?

— Trouve une solution, viens, s'il te plaît, viens…

Je ne cède pas. Ma parole vaut toutes les récompenses du monde. Mon frère s'amusera beaucoup en y allant. Et honnêtement, faire tapisserie à la télé, très peu pour moi… Le prix est attribué par le public, c'est lui qui vote parmi cinq artistes sélectionnés par un jury de professionnels. Le soir dit, je suis à des kilomètres de là, en train de chanter, comme prévu. Dans les coulisses, à la fin du spectacle, une jeune fille vient me voir, le sourire jusqu'aux oreilles :

— Tu as gagné, c'est toi qui as gagné !

— J'ai gagné quoi ?

— Meilleure chanson de l'année pour *Phoolko Aankhama*, et prix d'interprétation féminine pour l'ensemble de l'album !

Elle me prend dans ses bras et je sens qu'elle est sans doute plus contente que moi. Je suis heureuse de ce prix, car il va me permettre d'aller encore plus loin dans mes projets. Je pense à ma mère. J'ai hâte de rentrer. Tout est allé si vite… Mon pays me décerne le prix de la meilleure artiste de l'année. Il y a quelque chose de miraculeux dans tout ce tourbillon qui m'entraîne.

— Ça va, tu ne regrettes pas de ne pas être là-bas ? Tu pourras le revoir en vidéo, on te l'a enregistré.

— Non, je ne pense pas. Mais je ne le regarderai pas, de toute façon…

C'est fait, et cela s'est fait sans que je sois là. C'est très bien ainsi. Je suis très heureuse, surtout si mes chansons, qui parlent d'amour, de joie, de compassion, peuvent toucher un large public. Qu'elles soient, finalement, utiles.

Mais, il faut bien l'avouer, j'ai conscience d'être une star. J'ai beau savoir que tout cela est très superficiel et que je n'ai rien fait qui change la face du monde, et donc qui mérite d'être particulièrement valorisé, mon ego est titillé. Comment résister ? Comme toujours, je pense à mon maître, à son humilité de chaque seconde, à sa simplicité constante, à son humour face aux honneurs. *Illico*, mon ego dégonfle. Encore une fois, dès que je doute, je m'appuie sur lui, son souvenir et sa bonté.

Pour moi, la célébrité est comme un écho qui viendrait du haut de la montagne, surgit, puis disparaît. Au début, poussée par mes amis, j'ai gardé les articles me concernant. Et puis j'ai abandonné très vite. Il y en avait trop, et cela ne m'intéressait pas assez. Ce qui m'importe, c'est de donner des moments de paix et de joie grâce à mes chansons. Le soir, en tournée, dans ma chambre d'hôtel, seule, je m'endors en regardant un film, et je pense à ceux que mon action parvient à aider. Cela passe aussi par de petites choses, de soutenir les autres. Donner une peluche à un enfant, par exemple. À chacun de mes voyages, j'en rapporte pour mes élèves. Je rentre chez moi, au Népal, les valises pleines de nounours : je récupère tous ceux que me donnent mes amis, parfois ceux de leurs enfants, pour mes petites de l'école. Je sais trop ce que c'est que de ne pas avoir de nounours. J'en ai trop souffert. Gamine, on ne m'a jamais donné la chance d'être une enfant. J'essaie de réparer cela avec celles que je rencontre aujourd'hui. Je veux que mes élèves fassent des études, aillent à l'université en Inde, qu'elles ne manquent de rien. Qu'elles remplissent les blancs de mon existence. Je n'ai pas eu l'occasion d'aller à l'école autant que je l'aurais voulu, et je suis fière de l'offrir à d'autres. De leur donner une chance de se construire un avenir meilleur.

C'est un des plaisirs du don. On dit que l'on donne pour les autres. Certes. Mais l'on donne d'abord pour soi, j'en suis persuadée. Car la joie de pouvoir faire plaisir est immense, c'est même une addiction, parfois. Le bénéfice du don est double : pour celui qui reçoit et pour celui qui offre, qui reçoit peut-être encore plus que le premier. Plus j'ai donné, plus j'ai reçu. Presque toujours. Et pas besoin d'être une star pour cela.

18

Mourir un lundi

Je suis dans un taxi et j'accompagne ma mère à l'hôpital. Ma mère est malade, le médecin m'a prise à part. Ce sont ses coliques à répétition qui nous ont alarmés. Mon père n'aime pas la médecine académique et nous avons d'abord essayé de la traiter avec des soins ayurvédiques. Mais cela n'a rien changé à ses maux de ventre. Le médecin est formel : elle souffre de diabète, a une trop forte pression artérielle. Ses reins sont en danger. Au Népal, il n'y a pas de système d'assurances médicales. Vous êtes malade, vous pouvez payer, vous êtes soigné. Vous ne pouvez pas... vous ne serez pas longtemps malade. Mais pas longtemps en vie non plus.

Cela m'affecte énormément, bien sûr. Ma mère n'est pas juste ma mère, je partage tout avec elle, mes sentiments, mes erreurs aussi ; elle est la seule personne qui ne me juge jamais, avec qui je peux être entièrement naturelle, sans fard. Pas de rôle à jouer. Avec elle, je ne suis plus nonne, je ne suis plus chanteuse ni responsable d'une école. Je suis sa fille, pour la vie, et c'est comme entrer dans un bain brûlant après un long voyage. Avec ma mère, quoi qu'il arrive, je me sens en sécurité, aimée. Et c'est si bon d'être aimée !

Trois fois par semaine désormais, elle se rend à l'hôpital pour subir une dialyse. Trois fois par semaine, on lui change son sang rempli de toxines, que ses reins malades ne sont plus capables de filtrer eux-mêmes. Après m'avoir laissé un répit de plusieurs années, la vie décide de nouveau de me montrer sa face la plus sombre. Le temps des épreuves est revenu. C'est le cycle de l'existence, je l'accepte. Avons-nous vraiment le choix ? Je papote comme si nous partions en promenade, lui montre des boutiques à travers la vitre sale de la voiture. Ma mère tente de sourire, mais ne réussit qu'à produire une grimace qui déforme son beau visage. Elle souffre. Aujourd'hui, le médecin doit lui poser une fistule. Plus de piqûres ensuite, les transfusions sanguines seront moins douloureuses.

— J'en ai marre, de tout cela…

— Je sais, maman, je sais… Mais tu dois le faire.

— Essayons encore le traitement ayurvédique, je trouve ça beaucoup plus naturel.

— Non, maman, je ne pense pas que ce soit une bonne idée. Souviens-toi, la dernière fois, en deux semaines, tu as gonflé comme un ballon et on a failli te perdre !

Chaque fois, je dois lutter avec elle pour qu'elle se laisse soigner. Comme beaucoup de Tibétains, mes parents ne font guère confiance à la médecine moderne. Depuis toujours, ils se soignent avec des plantes et des prières. Ces méthodes ont souvent fait leurs preuves, et j'y crois, moi aussi. Je déteste prendre des médicaments, même quand une dent me fait atrocement souffrir. Mais dans le cas de ma mère, je sais parfaitement que sa maladie exige un traitement de pointe, que seuls des médecins peuvent lui prodiguer. Sans cela, elle ne pourra pas longtemps lutter. J'en ai eu la preuve une fois : j'ai bien cru qu'elle allait mourir.

C'était un soir, il était 20 heures, j'étais dans le salon de mes parents en train de regarder un film, quand mon oncle est descendu de sa chambre, pâle comme un linge.

— Chöying, prépare-toi…

— Prépare-toi à quoi ?

Je cours dans sa chambre, le cœur battant, je monte les marches quatre à quatre, pousse sa porte. Ma mère est étendue dans son lit. Son visage, son ventre, ses jambes, tout son corps est boursouflé. Elle a triplé de volume. Son souffle n'est plus qu'un râle, comme si un voile empêchait l'air de passer. Ses yeux sont à demi fermés, sa tête penchée en arrière, elle est comme un poisson hors de l'eau qui lutte pour ne pas s'asphyxier. Elle se meurt.

— Maman, je suis juste à côté de toi, maman, tu m'entends ? Je vais te soigner, d'accord ? N'aie pas peur.

Je lui prends la main, la serre doucement, comme si je tenais un petit oiseau blessé. J'ai peur de lui faire du mal. Elle est brûlante. J'essaie de lui transmettre mon énergie positive, comme elle aime tant que je le fasse, mais aujourd'hui, ça ne marche pas. Rien. Elle ne me voit même pas. Je n'arrive plus à retenir mes larmes, alors je sors de la chambre. Une voix hurle en moi : « Aidez-moi, quelqu'un, aidez-moi, ma mère est en train de mourir ! »

Mais aucun son ne sort et je ravale ma supplique.

Je ne sais pas quoi faire. Il n'y a rien à faire. Je reste à ses côtés, nos mains jointes, ma tête sur le bord de son lit. Je reste ainsi durant quatre heures, je pense. J'entends les battements de mon cœur qui résonnent, à moins que ce ne soient les pulsations du sang qui tambourinent dans mes tempes. Tant de vie qui gronde alors que la mort est si proche…

Au milieu de mon brouillard intérieur, une voix résonne : « Si tu ne fais rien, tu t'en voudras toute ta vie. »

— Maman, écoute-moi, maman, je sais que tu ne veux pas voir de médecin, mais s'il te plaît, laisse-moi t'emmener à l'hôpital. Juste toi et moi. On ne le dira à personne. Si tu meurs, je te ramènerai ici, en secret. Mais nous devons essayer. S'il te plaît…

Un râle sort de sa gorge. Elle tourne la tête, cligne des yeux. C'est oui.

En silence, sans réveiller mon père qui s'est endormi à côté d'elle, je serre ma mère dans mes bras, la dépose à l'avant de ma Jeep, la conduis jusqu'aux urgences du meilleur hôpital de la ville. Elle est immédiatement prise en charge. On ne me demande pas pourquoi nous avons tant attendu avant de venir. On s'occupe d'elle, c'est tout. Personne ne m'a reconnue. Ici, je ne suis plus une célébrité, je suis simplement une fille, dont la mère est gravement malade. Deux heures plus tard, après qu'on lui a fait une injection, je suis autorisée à la visiter dans sa chambre. Elle repose normalement, les traits détendus, comme si rien n'était arrivé. J'émerge du cauchemar. Mon polo est humide de sueur. J'ai mangé toutes les petites peaux de mes ongles. Elle est sauvée. Pour cette fois. C'est après cette grosse frayeur et les cinq jours passés à l'hôpital qu'elle accepte de se laisser soigner correctement. Les trois dialyses par semaine commencent à cette époque.

À partir de ce moment, je réduis le nombre de mes déplacements autant que possible. Je continue, mais en essayant de passer le plus de temps possible avec mes parents. Le plus souvent, je vis chez eux. Arya Tara School a trouvé sa vitesse de croisière. Une centaine de jeunes nonnes, de huit à vingt ans passés, vivent là et je leur rends visite plusieurs fois par semaine. À mes parents, je donne tout l'amour que je peux. Je les appelle « Ama Gaga » et « Aba Gaga » – chère maman et cher papa – et nous passons de bons moments ensemble. Presque toujours. Le caractère ombrageux de mon père n'est pas juste un mauvais souvenir. Il a encore des crises de colère. C'est plus fort que lui, il ne peut lutter. Pourtant, je fais tout ce qui est en mon pouvoir pour lui offrir la meilleure vie possible. Et honnêtement, il lui faudrait beaucoup d'imagination pour trouver à se plaindre de moi... J'ai tout essayé : l'indifférence, l'humour, la compréhension. J'ai crié plus fort que lui, aussi. Autant jeter de l'huile sur le feu : ma colère n'a jamais servi, au contraire. C'est l'amour, bien sûr, qui l'apaise.

Un jour, mon père est particulièrement désagréable avec moi. Il est fatigué et allongé dans son lit. Il porte un petit bonnet au crochet que j'ai fait moi-même. Je l'avais commencé pour mon maître, et il est mort. Je l'ai fini pour mon père. J'aime qu'il le porte. Je lui fais la lecture. Il vient de me rabrouer pour une stupide histoire de mot qu'il ne comprend pas – comme si c'était moi qui avais écrit le livre... Alors, j'ose :

— J'en ai marre ! Je fais tout pour que tu sois heureux, je t'offre des cadeaux, je te rapporte du parfum de mes voyages, je t'écoute, je te chéris, je suis toujours là pour toi, toujours. Je suis comme une mère pour toi. Tu ne peux pas douter de mon amour et de mon dévouement. Et pourtant, visiblement, ce n'est pas assez, puisque tu continues de te plaindre de moi. On dirait que tu es dans l'attente de quelque chose ou de quelqu'un d'autre. Qu'est-ce qu'il te faut de plus ?

— Mais qu'est-ce que tu racontes ? Je ne t'ai rien demandé... Va plutôt me préparer une tasse de thé, tu veux ?...

— Non, cette fois, j'aimerais une réponse, s'il te plaît, dis-moi ce qui te contrarie, qu'est-ce que je t'ai fait ? Je vois bien que tu n'es pas comme ça avec mes frères. En tout cas, jamais avec Lodu Kunchap, le si parfait Lodu Kunchap... Pourquoi l'aimes-tu autant, quand lui ne s'intéresse même pas à toi ?

Voilà, c'était dit, je m'étais laissée aller à un accès de jalousie que je réfrénais pourtant depuis des mois. Même des années, pour être parfaitement honnête. Lodu Kunchap, mon demi-frère aîné, n'est pas le fils de ma mère. Il est né en Inde, plus de dix ans avant moi. Mon père l'a eu avec une autre femme. Un jour, ce grand demi-frère inconnu a débarqué à Katmandou pour vivre avec nous. Il était plutôt gentil. Il avait d'abord été moine quelques années en Inde, à Himachal Pradesh, près de Dharamsala, puis il était venu chez nous, s'était marié et était finalement parti vivre à New York. Mon père l'adore, cherche toujours son approbation, son regard, tente de converser avec lui. De nous tous, c'est le seul à n'avoir jamais, jamais été battu. Pourtant, Lodu Kunchap ne prête guère attention à mon père, vit de son côté. Je ne l'aurais jamais dit, mais je l'ai toujours trouvé égoïste. J'éprouvais un sentiment d'injustice que je répugnais à m'avouer, mais le reproche a fini par sortir.

Un éclair assombrit le regard de mon père. Ses mâchoires se serrent et dessinent sur ses joues un relief de mauvais augure. Il se redresse sur son lit, vif tout à coup. Je connais les signes avant-coureurs de sa colère et je regrette de l'avoir provoquée. J'aurais mieux fait de me taire. Résignée, je redresse la tête vers lui. Mais mon père me regarde avec douceur. Ses mains parcheminées sont sagement posées sur le drap blanc, croisées comme en une supplication muette. Il lève alors les yeux, droit en face de lui, fixe un point invisible sur le mur.

— Tu as raison, Chöying, murmure-t-il. Tu as raison. J'aime sans doute Lodu Kunchap plus que toi. Plus que tes frères. Plus que ta mère. Mais ne crois pas que je l'aime comme ça sans raison. Je l'aime, car il m'a été donné par une femme que je chérissais de tout mon cœur, un être exceptionnel qui n'aurait jamais dû m'être enlevé si tôt. Je l'ai connue au Tibet, et puis nous nous sommes réfugiés ensemble en Inde. La mort l'a prise là-bas, elle était toute jeune. Chöying, elle était l'amour de ma vie, tu peux comprendre ?

Il ne pleure pas, sa voix ne tremble pas, il parle tranquillement, sans passion, comme un constat qui s'impose et qu'enfin on accepte de reconnaître. Je pense qu'il lui a fallu longtemps pour pouvoir prononcer ces mots. Je l'écoute en me taisant. Nous ne parlons jamais de la première femme de mon père. Je n'imaginais pas qu'elle représentait autant pour lui. Pourquoi a-t-il attendu si longtemps pour se confier ?

— Il est le seul cadeau et le seul souvenir qui me restent d'elle. Les seuls. Quand je regarde ton frère, je la revois, elle, je nous revois, en Inde, heureux…

Il se tait. Je ne sais que dire. Devant ses yeux ouverts défilent les souvenirs. Il ne compte pas m'en dire plus ; je ne souhaite pas en savoir davantage. J'éprouve alors une bouffée d'amour pour cette inconnue, elle qui suscite de tels sentiments dans le cœur de mon père. Je lui suis reconnaissante d'avoir distillé tant de joie en lui, même si je ne sais rien d'elle. Je suis soulagée aussi de comprendre pourquoi Lodu Kunchap a toujours été le favori. Ce n'était pas moi qui déméritais. C'était lui qui avait des atouts en main que je ne pouvais pas contrer. Il est impossible de lutter contre le passé. Je ne me suis plus jamais plainte auprès de mon père et j'ai respecté cet amour perdu, qui, quelque quarante ans après, continuait de lui tordre l'âme et le cœur.

Je ne l'en aime que plus. Je redouble d'amour,

même – si c'est possible. À partir de cette période, bien que je ne le formule qu'aujourd'hui en y repensant, je crois que j'ai fait une course contre la montre. Aller plus vite que la mort. Donner à mes parents tout ce qu'elle voulait leur retirer. Les saturer de joie, eux qui, je le devine, ne vont plus avoir beaucoup de temps pour en profiter. À la fin de leur vie, je deviens leur mère. Je m'occupe d'eux comme une mère prend soin de ses enfants. Le soir, je leur fais des massages des pieds et des mains ; je brosse leurs cheveux de longues minutes ; je vais leur acheter les *momos* qu'ils préfèrent ; je leur fais croire qu'ils sont si jeunes, encore.

Bizarrement, c'est mon père qui part le premier. Je dis « bizarrement », car même s'il a vingt-cinq ans de plus que ma mère, il est en bien meilleure condition physique. À quatre-vingt-sept ans, il reste beau et grand, imposant, mince et musclé. Il a des problèmes cardiaques et on lui a posé un pacemaker il y a quelques années. Pour moi, il est éternel. Je me soucie bien plus de ma mère, qui me semble si fragile, que de lui, encore capable de tonner et de m'effrayer. Il meurt dans un lit d'hôpital. Il n'a pas beaucoup souffert, heureusement. Personne ne pensait qu'il allait mourir, mais lui savait.

Un jour, il s'est levé et m'a dit :

— Je ne me sens pas très bien.

— Papa ! Tu veux que je t'emmène à l'hôpital ?

— Quel jour sommes-nous, aujourd'hui ?

— Nous sommes jeudi, papa… Pourquoi ?

— Non, pas aujourd'hui, nous irons demain, alors…

Son comportement est étrange, mais il ne veut pas en dire plus. Je sais qu'il est inutile d'insister.

Je comprendrai plus tard.

Le lendemain, il se lève calmement, il semble un peu las, sans plus. Il veut que je l'emmène à l'hôpital. Dans ma voiture, il est parfaitement calme, un doux sourire sur le visage, un air de bonté que je ne lui connaissais pas.

— Où est ta mère, Chöying ?

— À l'hôpital, de l'autre côté de la ville, elle fait sa dialyse.

— Oh... Je ne la reverrai plus, alors...

— Ne t'inquiète pas, je la conduirai auprès de toi.

Il ne voulait pas. Les jours suivants, je les passe à son chevet. Je sais que j'agis comme un médicament sur mon père. Je lui fais des massages des pieds et des mains, nous parlons de tout et de rien. Il ne veut pas que je le quitte, par peur sans doute. Il croit que j'ai des pouvoirs divins. Que mes mains peuvent lui ôter peine et douleur. Une sorte de lumière orangée émane de lui, quelque chose de très étrange, vraiment. Comme une lueur céleste. Il n'est plus que douceur. Rien à voir avec l'homme qu'il a été. Il est transformé. Il n'y a aucune trace de colère en lui.

Quelques jours plus tard, il est très affaibli et je comprends. Vers 19 heures, alors que nous avons passé la journée ensemble, il me saisit par le coude, et me tire vers lui. Il veut que je pose ma main sur sa tête.

— Tu n'es pas un être comme les autres, Chöying, je l'ai toujours su, tu es très spéciale. Tu as une apparence ordinaire, mais dedans se cache une personne extraordinaire. J'ai de la chance d'avoir une fille comme toi.

Je ne veux pas parler. C'est lui qui a besoin de s'exprimer. Je le regarde de toute la force de mes yeux, comme si cela pouvait l'empêcher de s'éloigner, doucement. Je vois qu'il est en train de partir. Il est auréolé d'amour.

— Merci, Chöying, merci. Tu as payé ta dette, entièrement. Tu ne me dois plus rien.

Rien ne pouvait me faire plus plaisir. Je n'ai pas agi pour entendre ça un jour, mais malgré tout, la reconnaissance de mon père est le plus beau cadeau qu'il pouvait m'offrir. Oui, il m'a donné la vie, je me suis toujours considérée comme redevable. Nous sommes quittes. Il s'en va, et nous avons tous deux l'esprit en paix. Je pars de l'hôpital le lendemain matin, vidée. Si fatiguée que je ne sais pas quel jour nous sommes. Je suis orpheline de père. Ce père si important dans ma vie, si déterminant, m'a laissée. Lui qui m'avait terrorisée des années durant a expiré dans mes bras, abandonné et confiant, persuadé de mon amour. C'est une jolie fin. J'ai un bon karma, et ma prochaine vie sera pleine de paix.

En récupérant ma voiture au parking, je vois la date sur le ticket. Lundi. Nous sommes un lundi. Je suis si fatiguée que j'ai cessé de compter les jours. Pas mon père. L'une de nos croyances veut que mourir un dimanche soit un très mauvais signe. Mon père voulait mourir un lundi. Il a réussi à tenir la mort à distance quatre jours. Il s'est éclipsé lorsqu'il l'a voulu. Au bon moment.

19

Orpheline

Mon père parti, ma mère semble terriblement seule. Elle a emménagé dans la maison de mon oncle, car elle ne veut pas rester chez elle. Je paie un loyer à mon oncle pour qu'il s'occupe d'elle au mieux. Elle invite souvent des amies, papote, mais le cœur n'y est pas. J'essaie de la distraire, multiplie les blagues, lui dis qu'on va lui chercher un petit ami, mets de la dérision là où la tristesse gagne du terrain. Je lui achète de bonnes crèmes pour le visage, des onguents, lui brosse les cheveux ; je m'occupe d'elle autant que je le peux. Puisque son âme est blessée, je soigne son corps.

Un jour, ma mère et moi partons à Delhi, en Inde, car, sans le dire à personne, et surtout pas à elle, j'ai décidé de lui donner un de mes reins. J'ai pris cette résolution sans en référer à quiconque. Ma famille n'est pas au courant. C'est un choix intime qui ne regarde que moi.

Au Népal, il n'y a pas d'hôpital qui pratique les transplantations rénales. Il faut aller en Inde, obligatoirement, avec ce que cela implique comme frais :

prendre l'avion, se faire accompagner, rester longtemps sur place, payer l'opération, entrer en convalescence. Très peu de gens en ont les moyens. Heureusement pour moi, je le peux. Heureusement aussi, mes reins fonctionnent parfaitement. À Delhi, les médecins procèdent à toute une batterie d'examens. J'ai dit à ma mère que nous allions simplement faire une visite de contrôle et recueillir un avis différent. Seuls les deux chirurgiens qui la suivent, un jeune et un vieux, sont au courant de mon projet. L'un d'eux entre un matin dans sa chambre, tout sourire.

— Madame, c'est bon ! Les examens sont excellents, vous avez beaucoup de chance. Vous allez pouvoir recevoir le rein de votre fille : vous êtes compatibles !

— Comment ? De quoi me parlez-vous ? Quel rein de ma fille ?

Ma mère est devenue livide et me regarde d'un air accusateur. Elle comprend tout de suite mon mensonge. Et n'apprécie vraiment pas.

— Jamais de la vie ! Plutôt mourir ! Jamais, vous entendez, jamais je ne prendrai le rein de ma fille. C'est la dernière chose que je souhaite au monde...

Elle, qui est si douce et si accommodante d'ordinaire, se rebelle. Impossible de la convaincre. J'ai beau lui dire que trouver un donneur prendrait des années, elle campe fermement sur sa position. Je ne peux rien faire. Je ne vais pas la forcer. Nous rentrons au Népal, tristes toutes les deux.

Je n'abandonne pas si vite. Au Népal, certains sont si pauvres qu'ils vendent leurs organes. Je trouve un vendeur-donneur, je ne sais pas comment il faut l'appeler. Je ne suis pas très à l'aise avec cette idée, acheter un organe à quelqu'un, mais je suis prête à tout pour sauver ma mère. Quelques mois plus tard, nous repartons, pour Madras, cette fois. Tout est en place. Je me prends à rêver. J'imagine que ma mère et moi, nous pourrons bientôt voyager au Canada et à Chicago, où nous avons de la famille ; en Allemagne, où j'ai de nombreux amis ; dans chacun des lieux saints que nous souhaitons visiter. Je suis si heureuse de ce nouveau chapitre qui va pouvoir s'écrire. Mais les médecins nous annoncent une mauvaise nouvelle : le cœur de ma mère est fatigué, il y a des caillots dans ses artères. Elle a besoin d'une angioplastie. Va pour l'angioplastie. La greffe attendra, puisque nous n'avons pas le choix. Il en faut plus pour nous décourager. Cinq mois plus tard, après être revenues au Népal, nous entamons un nouveau voyage en Inde, pour la transplantation. Troisième essai. Cette fois, tout espoir est perdu : ma mère est devenue trop malade. « Trop faible pour être opérée », disent les médecins. Jusqu'à la fin de sa vie, elle devra subir des dialyses ; on ne peut plus rien faire d'autre pour elle. Je regarde le médecin comme s'il me parlait dans une langue étrangère. Je ne veux pas comprendre. Je ne veux pas dire la vérité à ma mère. J'invente un pauvre mensonge, dont elle n'est pas dupe mais qu'elle a l'élégance de faire semblant de croire. Nous rentrons.

Physiquement, elle dépérit à vue d'œil. Elle ne peut quasiment plus marcher seule, elle est trop faible pour se porter. Dans l'avion qui nous ramène au Népal, je l'accompagne aux toilettes. Dans la minuscule cabine, je la soulève, puis la relève, lorsqu'elle a terminé. Mais, alors que je suis en train de la nettoyer, elle finit dans ma main ce qu'elle avait commencé dans la cuvette. Son sphincter ne se contrôle plus. Sans ciller, j'achève de la laver, la raccompagne à son fauteuil, puis retourne aux toilettes me rincer les mains correctement. Lorsque je reviens, sa couverture est remontée jusque sous le menton, comme une petite fille prise en faute, ses yeux sont remplis de larmes. Horriblement gênée, elle n'ose pas me regarder.

— Excuse-moi, Chöying, je suis absolument désolée…

— Mais désolée de quoi ?

— Je t'ai obligée à faire quelque chose de très désagréable, je t'ai imposé quelque chose d'horrible…

— Mais enfin, maman, ne t'inquiète pas. Combien de fois, toi, quand j'étais enfant, tu as accompli le même geste ? Combien de fois as-tu lavé mes fesses sales ? Cent fois, deux cents fois ? As-tu été dégoûtée ? As-tu fait la grimace ? Non… Aujourd'hui, c'est à mon tour de t'aider.

Je le pense profondément. Les enfants, lorsqu'ils ont la chance de pouvoir aider leurs parents et leur offrir ce dont ils ont besoin, doivent en profiter. Vous tous qui avez encore votre mère, profitez-en. Aimez-la, protégez-la. Avoir sa mère. Pouvoir l'appeler pour ne rien dire. La regarder comme on respire, sans y penser. L'entendre rire et trouver cela normal. Une mère souhaite le meilleur pour son enfant, se réjouit quand il est heureux, souffre quand il est en peine, encore davantage que lui-même. On parle de Dieu. Mais les parents sont encore plus que cela. Ils nous ont sauvés : sans eux, à la naissance, nous n'aurions pas survécu. Jusqu'à la fin de leurs jours, j'ai donné à mes parents tout ce que j'ai pu, sans compter. La vie de mes parents a changé, et je peux dire que c'est là ma plus grande fierté. Je leur suis très reconnaissante de m'avoir permis d'éprouver ce sentiment. Il n'y a rien de plus valorisant.

Pendant les derniers mois de la vie de ma mère, j'évolue au ralenti et, en même temps, je suis hyperactive. Je dois organiser le mariage de mon frère. Il est revenu du Canada, où il vit depuis plusieurs années, pour se rapprocher de ma mère et profiter de ses derniers mois de vie. Ce faisant, à Katmandou, il a aussi rencontré une jeune fille dont il est tombé amoureux. Il veut l'épouser sans attendre. Elle est tibétaine, réfugiée en Inde, elle a dix-neuf ans et appartient à notre famille très éloignée. Même si mon frère a maintenant trente ans, il reste mon petit frère et je me sens responsable de lui. Il a demandé ma permission pour l'épouser et j'ai accepté. Le chef de la famille, aujourd'hui, c'est moi. Je prends évidemment en charge tous les frais de la cérémonie, qui se déroule chez mon oncle. Je suis heureuse qu'ils se marient du vivant de ma mère, et j'accélère les choses. Le temps nous est compté, je le sais. Une date est fixée : le 17 décembre.

Le mariage se déroule comme prévu. Ma mère est très faible, mais heureuse de partager ce moment important avec nous tous. Le 21 décembre, elle m'appelle à son chevet. Elle semble épuisée. Quand je la vois autant souffrir, il m'arrive de souhaiter sa mort. J'en appelle à sa libération, que son calvaire prenne fin. Le plus dur, c'est cet entre-deux où elle navigue : plus vraiment vivante, pas encore morte. Horrible.

— Il y a une grande manifestation bouddhiste dans le monastère proche de ton école, dans la montagne, j'aimerais y aller.

— Tu es sûre que cela ne va pas trop te fatiguer ?

— Non, non, dis à ton frère de m'emmener et ensuite, je passerai voir ton école. Voir comment vous êtes installées.

Ce jour-là, j'avais un rendez-vous à honorer. Je laisse donc mon frère emmener ma mère et les rejoins plus tard, à Arya Tara School. Tous deux sont tout sourire. Ma mère affiche un air radieux malgré ses traits tirés.

— J'ai pris refuge, Chöying : je vais devenir une nonne, comme toi !

Le maître bouddhiste du monastère a accédé à la requête de ma mère. Même si elle ne m'en avait pas parlé, sa décision me remplit de joie. Je ne l'aurais jamais forcée, mais j'y avais déjà pensé. Pour les bouddhistes, c'est une façon d'améliorer son karma. De mourir en paix en refusant les biens de ce monde.

Ma mère découvre l'école. Elle n'est pas venue depuis les travaux. Elle visite ma chambre, le réfectoire, les salles de classe, elle retrouve des couleurs et je me dis qu'elle pourrait finir ses jours ici. Nous la conduisons ensuite jusqu'au maître bouddhiste, il lui coupe une mèche de cheveux. Comme moi, plus de dix-sept ans plus tôt. Elle semble heureuse, ne parle pas beaucoup, et s'endort dans la voiture en redescendant vers Katmandou. Elle se couche le soir en murmurant à mon oncle : « Je suis heureuse, j'ai vu l'école... »

Le lendemain, c'est jour de dialyse. Un jour comme tous les autres. Je suis à la maison de mes parents, et c'est mon frère qui l'emmène à l'hôpital, en passant la chercher chez notre oncle. Je trouve bien que, lorsque mes petits frères sont là, eux aussi aient l'occasion de s'occuper de leur mère. Ils ne la voient pas si souvent. Je suis fière qu'ils s'occupent d'elle, et j'ai compris qu'il était important de partager ses derniers instants.

À 10 heures, mon frère m'appelle. Ma mère a des difficultés à respirer. Elle ne peut plus parler. Je saute dans ma Jeep, je roule à toute vitesse, je cours dans les couloirs, je pousse précipitamment la porte de sa chambre. Trop tard. Elle est partie. Son cœur s'est arrêté de battre. Sans que je puisse lui dire au revoir. Toutes ces heures passées à son chevet pour être absente la dernière minute. Comme dans un film au ralenti, j'enregistre toute la scène. Mes frères en larmes. L'infirmière muette, dans un coin, les bras croisés. Ma mère, toute petite dans son grand lit blanc, comme endormie. Je me dis : « Ne pleure pas, ce n'est pas le bon endroit pour pleurer. »

Et un sourire se fige sur mon visage. Un faux sourire en carton. Dans les services comme celui-là, les malades sont très affaiblis psychologiquement. Il n'est pas bon de désespérer devant eux. Ça les tue plus vite. Voilà à quoi je pense, dans la lenteur de mon cerveau ramolli. Et je réussis à me contrôler. Je ne pleure pas. À l'extérieur.

Je m'occupe de tout, immédiatement. J'appelle mon oncle pour le prévenir, lui dire de contacter un maître bouddhiste, d'organiser la crémation, et là, dans la chambre d'hôpital, nous décidons d'un jour pour brûler le corps de ma mère encore chaud. Ce type de décision se prend avec des astrologues. Eux savent quels sont les bons jours pour partir. Celui de mon oncle est formel : les quatre jours suivants ne sont pas du tout appropriés. C'est le jour même qu'il faut agir. Le jour même… Ainsi fut fait, dans la soirée. Le 22 décembre 2006, ma mère s'est envolée dans les cendres vers les cieux.

Ma mère a survécu près de deux ans à mon père. J'ai profité de chaque moment de ces deux années, de chaque seconde arrachée au compte à rebours entamé par la mort. C'est cela qui m'aide, aujourd'hui, à ne pas céder au désespoir de l'avoir perdue. Elle me manque terriblement. Mais je sais que je lui ai donné tout ce que je pouvais, sans compter, et cela m'apaise un peu. Nous nous sommes tant aimées, et ces deux années-là peut-être même plus qu'avant – si c'était possible.

Ma mère a eu droit à une cérémonie funéraire complète, c'est-à-dire qui dure quarante-neuf jours. Pendant cette période, nous procédons à des offrandes, nous prions, nous allumons des centaines de bougies pour bénir son âme, nous recevons des visites et des hommages des voisins. Nous pensons que si l'on ne procède pas ainsi, les morts n'ont pas conscience qu'ils ont quitté ce monde, et cherchent à établir des liens avec les humains. Face à l'ignorance de ces derniers, les morts paniquent et ne peuvent trouver la quiétude. Les quarante-neuf jours servent à les apaiser, à les mener doucement de l'autre côté. C'est une période difficile, mais au moins, on est occupé, et cela laisse peu de temps pour penser.

Les difficultés commencent ensuite. Je retourne à Arya Tara School, je salue les professeurs, les élèves, et je rejoins ma chambre rapidement. Je suis fatiguée. Je me dirige vers mon lit et je vois, posé sur mon oreiller, un rosaire. C'est celui de ma mère, celui qui ne la quittait jamais. Elle l'a laissé là lors de sa visite. Je n'avais rien remarqué. Elle savait et m'envoie un message de l'au-delà.

Les larmes jaillissent de mes yeux comme d'un tuyau comprimé trop longtemps. Les enseignements bouddhistes s'intéressent beaucoup à la mort. « L'une des plus grandes choses de la vie, c'est la mort », voilà ce que nous apprenons tous. Je pensais le savoir. Je pensais être prête. Je pensais que ce serait plus facile. Mais on ne pense plus, dans ces moments-là. La sagesse, la connaissance, la méditation, la raison, ne peuvent rien face à la perte d'une mère. Je souffre. Elle me manque, physiquement, au cœur de mes tripes. J'ai un vide intérieur qui hurle et qui pleure. Qu'on me rende ma mère !

Les mois qui suivent sont un peu durs. Mes frères sont rentrés chez eux. Mon existence reprend son cours. Je me sens terriblement seule, même si mes amis sont à mes côtés. Mais, après m'être autant occupée de mes parents, je suis désœuvrée. Inutile, même. Tout me rappelle qu'ils ne sont plus là. Dans ces moments, je prie pour eux, et j'y trouve une certaine consolation.

Surtout, j'ai une satisfaction, qui me tient éloignée des rives de la dépression. La même que toujours : le sentiment d'avoir agi comme je le devais. D'avoir donné tout ce que je devais donner. Je n'ai aucun regret à avoir, et cela m'aide à dormir en paix. Et comme toujours, parce que la vie est une équation à somme nulle, de grandes et petites joies viennent me tirer de ma douleur.

— Ani, j'aimerais te présenter une de mes amies, elle est de passage au Népal, je lui ai parlé de toi, elle aimerait te rencontrer. Tu la connais peut-être, elle s'appelle Tracy Chapman, elle est chanteuse, comme toi. Tu as un peu de temps ?

Peter est américain, il vit depuis longtemps à Katmandou. Il me répète souvent qu'il aime mes chansons. On s'entend bien. Il sait que je suis fan de Tracy Chapman et je sais que c'est l'une de ses amies. Il me taquine, car il comprend que je serais enchantée de la connaître. Nous sommes en janvier, et très vite, nous prenons rendez-vous. Elle nous rend visite un jour, à l'école. Les filles travaillent. Je la reçois au dernier étage, là où j'ai un petit appartement doté d'un grand salon. J'ai invité mon compositeur, Peter est là aussi, bien sûr, ainsi que quelques amis. Nous chantons toutes les deux : elle pour nous, moi pour eux. C'est un moment de partage et d'amitié délicieux. Je garde un excellent souvenir de cette journée. Nous avons visité l'école, mon chien Suma sur les talons, nous avons pris quelques photos, plaisanté. La vie, tout simplement.

En février, nous fêtons la nouvelle année au Népal. Ce sont toujours de grandes festivités. Cette année-là, en février 2007, j'ai fait passer le message à mon équipe : ce n'est pas parce que ma mère est morte que nous ne devons pas nous réjouir. Les jeunes nonnes, des enfants pour la plupart, ont droit à leur fête. Le jour dit, mes élèves ont préparé un magnifique spectacle. Je suis assise au premier rang, devant la scène improvisée, et j'assiste à la représentation d'une scène de la vie de Bouddha. Les gamines rient, sautent, miment les différents personnages et tout le monde est extrêmement joyeux. Mon cœur est comme courbaturé : il doit réapprendre à être heureux. Et soudain, une digue rompt en moi. La joie monte et m'inonde. Nous vivons ici, toutes ensemble des moments merveilleux. Nous avons beaucoup de chance. Je me lève, je rejoins la scène, et je me mets à danser au milieu des petites, pour participer à la gaieté générale. Nous formons une ronde, tout le monde rit et crie. Mon chien Suma, me voyant danser et chanter, saute autour de nous en jappant. Il essaie d'atteindre mes bras, mais je les lève, alors il saute encore plus haut. On dirait qu'il rit, lui aussi ! J'attrape ses pattes, et le maintiens debout. Il rejoint notre ronde. Je me sens heureuse. Je n'oublierai jamais ce moment.

Parfois, quand je rêve, je me rends compte que je suis en train de rêver, et je ne prends pas au sérieux mon songe, évidemment. Avec la souffrance, il faut faire de même. On pense souffrir, mais on peut aussi trouver des raisons d'être heureux. Il suffit d'en prendre conscience. Être équitable avec la vie : ne pas seulement voir ce qu'elle nous a pris, mais tout ce qu'elle nous donne. Voilà ce que j'essaie de faire. Parfois, je me dis que ma mère s'est peut-être réincarnée quelque part. Je prie beaucoup pour elle. Et où qu'elle soit, je sais qu'elle va bien.

Épilogue

Quand je raconte mon histoire, je lis parfois l'incompréhension dans les yeux de mes interlocuteurs. Quelqu'un, un jour, m'entendant raconter la violence de mon père, s'est écrié, scandalisé : « Mais ce monstre t'a volé ton enfance ! » C'est exactement l'inverse. J'ai écrit ce livre pour qu'on le comprenne. La pratique du bouddhisme nous apprend à considérer notre ennemi comme un enseignant, à se servir de celui qui nous provoque pour lutter contre sa propre négativité. Mon père m'a permis de me dépasser, d'aller chercher au fond de moi des ressorts inconnus. Il m'a obligée à combattre. Ce que je suis, je le dois à mon père, et je lui en serai toujours reconnaissante. Si je n'avais pas été battue, je n'aurais jamais croisé le chemin de mon maître et je n'aurais aucune des quelques qualités que j'ai réussi à développer pour devenir un bon être humain. Je pense que les épreuves vous transforment en quelqu'un de meilleur. Parce que le goût acide de la douleur rend ensuite davantage capable d'apprécier la douceur de la vie. Dans les périodes de doute, celles où la furieuse brûlure revient par vagues, songer à mon maître m'aide. Lorsqu'on pense au citron, on en sent l'acidité dans la bouche, et comme la glace arrive avec le froid, le feu avec la chaleur, l'idée de mon maître allume en moi la compassion et l'amour. Elle me guide.

Comme un aimant attiré par des forces opposées, je me suis construite autour de l'amour et de la haine, de la violence et de l'amour inconditionnel, du restreint et de l'infini. J'ai été aimantée par l'un, puis par l'autre, jusqu'à ce que mes récepteurs intérieurs cessent de s'affoler et de m'envoyer des messages contradictoires, jusqu'à ce que je trouve la stabilité.

Aujourd'hui, mes sources de joie sont innombrables : construire un jardin potager à l'école, sauver une souris blessée, libérer une chèvre attachée dans la montagne, parler avec un ami perdu de vue, m'acheter une jolie paire de chaussures, donner à manger à des mendiants dans la rue, rénover la maison de mes parents, savoir que mes frères vont bien, surprendre un sourire sur le visage d'une amie, rêver de mon maître et me réveiller le sourire aux lèvres, aider au financement d'une maison pour personnes âgées, avoir une nouvelle idée de chanson, conduire ma Jeep sous la pluie, pleurer en regardant un film de Bollywood, m'enthousiasmer pour les apprentis chanteurs du Pop Star indien, aller chercher mon fils à l'école, consoler une élève dont la mère vient de mourir, donner de ma force à ceux qui en manquent, parler avec les médecins de mon projet d'hôpital, écrire ce livre… Le bonheur est partout, à portée de main, pour qui veut bien le voir. Le secret du bonheur, c'est « apprécier ». Savoir être satisfait de ce que l'on a.

Mais je ne suis pas parfaite, loin de là ! J'ai encore tellement à apprendre… Je suis triste aussi, parfois. Des gens me déçoivent. J'essaie alors de ne pas dépenser trop longtemps mon énergie avec ce genre de personnes. Je ne me voile pas la face, je m'épargne des désagréments. Je dis ce que j'ai à dire en cas de conflit, mais je m'épargne le plus possible les contrariétés. Je fais de mon mieux, avec sincérité. Et mes baisses de régime ne durent jamais bien longtemps. Récemment, une petite fille a rejoint l'école. J'apprends qu'elle a été battue par son père, que ses premières années ont été marquées par les coups et les brimades. Je manque perdre mon calme, souvent, lorsqu'on me rapporte des histoires pareilles. Autant d'injustice me met en colère. Et puis je me calme. Je comprends la peine de cette enfant. Je sens une connexion avec elle, sans même avoir besoin de lui parler. Nous partageons un secret. Nous appartenons à la même famille. On ne peut pas comprendre la peine de quelqu'un, à moins de l'avoir expérimentée soi-même. Grâce à mon passé, je suis instinctivement reliée à la douleur des autres : ainsi, je suis en mesure de les aider plus et mieux.

Chaque fois que je peux, je me mets au service de ceux qui en ont besoin. La misère humaine est malheureusement un tonneau sans fond, et il faut sans cesse le remplir d'amour et de compassion pour empêcher les plus fragiles de sombrer. Je m'y emploie, et j'en tire une satisfaction inégalée.

L'hôpital que je veux construire me prend aujourd'hui beaucoup d'énergie. C'est un projet qui me tient très à cœur. Beaucoup de Népalais ont du diabète et des problèmes sanguins. La faute à l'altitude, aux mauvaises habitudes sanitaires. Beaucoup de femmes marchent pieds nus, oublient de boire, ne soignent pas leurs infections urinaires : il faut développer l'enseignement de la médecine. Apprendre aux gens à prendre soin d'eux. J'ai promis à ma mère de faire cet hôpital, et je le ferai, même si cela doit prendre du temps. C'est une nécessité : les soins de santé coûtent beaucoup trop cher au Népal, il n'y a pas assez de places dans les centres de dialyse, les machines nécessaires sont incroyablement dispendieuses. Et les malades meurent, alors que, en France ou en Allemagne, ils auraient encore pu vivre de belles années. Parmi mes admirateurs, je compte le Premier ministre népalais, Girija Prasad Koirala, il a promis de m'aider du mieux qu'il pourrait.

Si j'ai voulu raconter mon histoire, c'est aussi pour pouvoir contribuer au financement de cet hôpital. Je tiens à remercier mon éditeur, qui, en me permettant d'écrire ce livre, contribue à faire avancer mon projet. Je suis sûre qu'en me lisant quelqu'un aura l'idée de me faire un don, un très gros don, pourquoi pas plusieurs millions d'euros ! Les choses avancent comme cela, j'en ai la certitude... On pense s'attaquer à une montagne imprenable, et on se retrouve au sommet. Il faut y croire. Je sais de quoi je parle.

Achevé d'imprimer sur les presses de

BUSSIÈRE

GROUPE CPI

à Saint-Amand-Montrond (Cher)
en avril 2008

Mise en pages : Bussière

N° d'édition : 349/01. — N° d'impression : 80584-081076/4.
Dépôt légal : avril 2008.

Imprimé en France